아름다운 날들

모아드림 기획시선 94

아름다운 날들

신중신 시집

모아드림

■ 自序

오래된 새 노래를

초조해진 탓일까, 최근 8년간에 걸쳐 쓴 이 예순아홉 편의 시는 내게 있어서 선연한 꽃잎일 수 있고, 안간힘을 다해 얻은 낟알들인가 하면, 달리 야생동물이 사냥꾼에게 쫓기며 흘린 핏방울 같은 것이기도 하다. 저물어가는 해 앞에서 느슨해져선 안 된다고 스스로를 채찍질하며 바짝 긴장한 결과가 이런 모습이 되었나 보다.

시란 정말 '오래된 새 노래' 임에 틀림이 없을 성싶다. '오래' 란 그동안 신중한 시인들의 사려에 의해 닦여진 것이고, '새' 는 시를 쓰는 사람 스스로가 숙명적으로 찾아 일궈내야 한다는 걸 뜻할 터인데, 이를 드러내는 작업이 어찌 용이할 것인가? 시의 꼴이 너부데데해져선 안 된다는 점에서도 그러하다. 그런 한편, 읽는 이로 하여금 어떤 식으로든 곤혹스럽게 하는 것도 경계해야 하겠지만……

2006년 8월

신 중 신

차 례

제2부 달뜬 속삭임으로

제3부 이강에 뱃길 끊어질라

제1부

출렁거림

律

밤이 참으로 깊고 크다는 것을
아는 남자,
어떤 허물어뜨림도 사랑이란 말로 행해진다는 걸
깨달은 여자.
그 양성 관계에서 아기가 태어난다.
태어난 아기는 자궁 속을 기억하지 못하고
어리둥절한 듯 주위를 두리번댄다.
한데 저 눈망울의 천연스러움은 뭐란 말인가.
배밀이와 목을 치켜들려 애쓰는
뒷심은 어디서 오는가.
이렇게 해서 한 울타리가 이루어지고
각각의 꽃이 어우러져 새로운
꽃밭을 만든다.

컴컴한 하늘 저편에 뇌성벽력이 칠 때
호수 수면은 짐짓 먼산바라기다.
그 사이, 물속에서는 물잠자리가 산란을 한다.
모든 것을 감싸고도는
이
율(律).

시빌에서

시빌*은 오래 전
이름 지을 수 없는 한 남성형과 여성형이 만나
한 몸을 이루어선
무지 하나로 길이 생산한다.
속내를 감춘 한대수림과
한랭한 기단(氣團)이 발생하는 틈바구니에서의
무릇 공생관계도 한가지다.
시빌을 찾은 나그네에게 고전적 교양은
스스로를 당혹케 할 뿐일 게다.
쌓인 눈 위로 발자국을 남기는 맹수는
뒤쫓는 포수를 잘 알고 있고
그들조차 맹목적 야성으로 서로를 사랑한다.
눈 녹은 물은 대지가 품었다가
개천을 이루고, 간혹 마주치는 통나무 다리는
머잖아 홍수로 사라져 갈 터이다.

숲 속 오두막에선
때늦은 아침 연기가 아련하다.

간밤에 시빌과 엉겨붙어 기력을 탕진한 사내가
검은빵 한 덩이를 넘기기 위해
채취한 잎차를 끓이나보다.
풀숲에선 몸을 풀려는지 비릿한 바람,
모성이 그 언저리를 감싸줌으로써
불원간 미신 하나가 또 태어날 게다.

*시빌 : 시베리아의 준말이면서 애칭의 뉘앙스를 풍긴다

출렁거림에 대하여

골목 담장에
붉은 넝쿨장미 휘늘어져,
눈부시게 환한 대낮
지닌 무게의 탄력으로
능청 출렁인다.

생은 이만큼은
출렁거림을 허락받았나보다.
저 같은 색감의 황홀이며
볼륨에서 풍기는 매혹,
피어나는 정신과 늘어지는 육체를……
고개 치켜세운 채 담을 넘는
저 불꽃!
'섹스, 에로티시즘 그리고 사랑이
중심이 같은 동심원을 이룬 정열의 기하학'*을.
끓어오르는 시간,
골목 안 수런거림과
풍만함이 실린 이 대기 속에—

일촉즉발,
모든 풍경이 긴장을 한다.
눈에 접히는 색과 향기 외에
붉은 겹꽃잎으로 뭉긋한
저 출렁거림을 보아.

*옥따비오 빠스의 저서 「이중불꽃」 중 〈목신의 왕국〉에서

욕망의 주술

처녀림으로 들어가 볼까나.
자작나무 둥치는 먼눈으로도 희어멀끔하고
가려진 수풀은 수줍음 탓일까
밤이 어루만져 준 내색으로
아침나절 넘긴 여직 축축이 젖어 있다네.
누구나 알고 있듯이
무릇 생성에는 이슬이 먼저 찾아든다네.

비쩍 마른 상상력에
가는귀까지 먹은 은수자(隱修者),
노을이 타는 바닷가에 서서
더 갈 길이 없노라 낙담하는 나그네에겐
생금의 시간이 넘실대는 숲은 부재하다네.

개천 물살에 휘젓는 물풀과
떼 지어 행진하는 불개미
처녀림으로 들어간 자의 헐떡임
그 풋풋한 욕망의 퍼덕거림.

나르시시즘 1

무지(無知)가 밭을 갈리라
봄은 늘 늘쩍지근하고 나른키만 해
땅은 언제나 백치 같다네
여인은 홑씨방(房) 사랑을 원한다네
그녀가 샘물가에서
뺨에 복숭아 꽃물기를 띠는 거나
염천 아래 널브러져 풀냄새에 오금이 저림도
오직 하나, 단단한
무지를 끌어안고자 함이라네

질풍노도는 들녘을 뒤흔들고
강을 곤두박질치게 하고
수풀을 쓰러뜨려서 세세한 감각부터
송두리째 드러난 맨 밑바닥까지
터럭을 곤두세워 놓는다네
그 우격다짐 후에 땅이 비옥해지며
풍요를 누리는 걸 볼라치면
무지 아닌 것은 하늘하늘 아지랑이
무지만이 무지의 밭을 갈게 한다네

나르시시즘 2

이 무슨 수런거림일까
채근하는 잎사귀는 젖내를 풍기지만
채근 받는 뿌리는 땅속 깊이 박혀 있다.
모든 풀은 젖내 몽글몽글하나
뿌리는 정액 냄새를 묻힌다.

—날 새면
간밤의 정분이 머리 매무새를 고치리라.

바람은 너럭바위 뒤에서나
숲 속 언저리서 눈가장자리가 발가우리하다.
풀이 떠난다면
바람은 포개 누울 자리를 잃고서
끝내는 소멸되어 버릴는지 모른다.

융합이 아니라 인식이다
바람이 소곤거릴 때 풀잎 춤추고
풀잎은 바람을 들쳐 일으킨다.

어디선가, 생명의 연속성을 도모하는
거친 숨결.

풀이 풀을 어깨동무한다
새로 돋는 새싹은
산등성이 너머를 꿈꿀 테지만
깊이 뿌리박힌 힘이 남녘을 바라
나르시스처럼 머문 시간을 응시한다.

탄생 설화

여인의 벌거벗은 몸뚱이가
바다 속으로 거꾸로 잠겨들고 있습니다.
머리를 산발한 채.
이빨 사나운 고기가 접근했다간 놀라 피하고
작은 어종들이 사타구니에 들붙어
언감생심, 인광을 번득입니다.
욕망이 끓던 숱한 밤의 보상으로
휩쓸려간 수많은 정충의 그녀 몸속 묘지도
바다의 거대한 무덤에 묻혀들고 있습니다.
몸뚱이는 차디차 가장 이성적인 양,
감각으로부터 초월한 개체*의 위엄을 갖추고서……
그녀의 산 몸이 수많은 죽음을 갈아눕혀
울음소리 하나 태어나게 했듯
이젠, 관능에서 해방된 머리카락이
바다 거품 위로 비너스를 탄생시킬 것입니다.

*미셸 투르니에는 장편 「방드르디, 태평양의 끝」에서 개체=생명의 힘, 섹스=죽음의 힘으로 파악한 바 있다.

몰리 달링

그녀 가벼운 검정 여름옷은
강한 사슬의 그중 약한 고리 부분일까,
바다 모랫바닥 속 꼭 다문 조개
아니, 소문 안 나는 안방의 손금고일까,
자그마한 몰리 달링.
세상에 다가서는 것만큼이라도
좁혀지지 않는 거리란 있을 것인가,
나지막한 울짱 같은 여름 검정옷
오, 나의 몰리 달링.

에로티시즘

휘황한 불빛, 들뜬 감각 한 덩어리로
북빙양을 헤쳐 가는 타이타닉호인 양
그대와 나
서녘하늘 붉게 물들이는
바다의 장엄한 함몰 속으로 노 저어가면,

뱃전에 출렁이는 — 그윽하게 가쁜
물결소리와
진정 아름답고녀, 그대 얼굴
진주빛 바다!

경천동지(驚天動地)할 일이 달리 있을까.

젠장맞을

앞가슴이 탱탱한 멋쟁이가 어서 타라고 재촉이다. 타고 오르니 잠시 아찔하다. 내려올 땐 그녀의 미끈둥한 하체가 부동의 반석처럼 느껴진다. 어느새 18층을 내려오고 말았단 말인가. 저 위에서의 기세등등했던 일과는 달리, 오르고 내림은 비몽사몽간이다. 어찌해 볼 길이 없는 그녀의 무표정은 만사가 무위로 돌아간 듯하기에 충분하다.

그 옛날 매화검은 어쨌다던가. 새하얀 달빛 아래에서 희뜩 날을 긋자 상대의 가슴과 하체가 짚동 버혀지듯 풀썩 내려앉았단다. 달빛은 하얗게 질렸을 게고 바람에 너풀대던 잎새는 숨을 탁 멈추었으리라. 매화검엔 몇 낱 붉은 꽃잎이 묻어났을 뿐, 十八 무림의 사내는 아무 일 없었다는 듯 메밀밭 사잇길을 긋듯이 사라져갔댄다.

한쪽에서는 밤인지 대낮인지도 분간 안 되는 엘리베이터 형광 불빛 아래서였고, 다른 쪽은 명주바닥 같은 달빛 아래에서였다. 아무렴, 분기탱천으론 매화꽃잎 하나인들 어찌하랴.

단막극

허리띠 풀기 전인데도 소문이 먼저 번진다네
기가 막히게 적중하다 싶지만
그처럼 소문은 엉터리라네.

개가 달을 보고 짖을 땐
어딘가 수상쩍기 때문일 것이나
욕은 제가 다 뒤집어쓴다네.

하나의 가해와
하나의 자해(自害)

—테이블 위 전화기가 잠잠한 사이, 크리스털 화병의 장미가 요염하게 입술을 벌린다. 대낮 아파트 거실은 나른한 시간이 고여 불현듯 충동이, 다른 한 쪽에선 헤살부리는 심기가 교차한다. 사람은 시간과 유혹에 무릎을 꿇게 마련. 이 순간에 이웃들은 수군대기 시작하고, 동네 개들이 일파만파 짖어댄다.

〈무대 암전(暗轉)〉

바닥에 떨어진 장미 꽃잎이
엉터리처럼 칙칙하게 시들어가며,
열린 문 틈새로
고슴도치 한 마리 희뜩 뛰쳐나간다네.
덧문을 덜컹거리게 하는 건
비를 머금은 바람이라네.

14행 시

거미줄에 걸려서도 암컷 반디는
짝을 부른다. 번득이는 시린 발광으로.
그리고 만상이 와그르르 무너지는 가을,
아아, 꽃이며 달, 익은 복숭아로 부푼 성년이
오직 씨방 하나 알 하나를 바라
몸을 허물어뜨리는 가을이라네.
풍전뇌전(風前雷電)이 먼 기억처럼
어릿광대짓인 양

그리고 눈이 내리고, 내려쌓이고
눈 덮인 가지에 빨간 열매가 볼이 언 채
암컷 반디 꼴로 월동을 한다.
이 순환과 눈발 틈에 묻어나는
흠흠흠,
신(神)의 헛기침 소리.

한 낙천주의자의 가을보기

가지 끝마다 홍옥이 오달지게 매달렸다
노인은 소금가마니 한 짐 지고 개울을 건넌다
만삭의 여인이 남산 같은 배 내밀고 손가락을 꼽고 있다

— '무거운 짐 지고 수고하는 자 다 내게로 오라.'

허겁지겁 헌털뱅이 지게라도 챙길 일이다
그 아니면
울며 겨자먹기로 빚이라도 지거나
용서받을 만한 죄쯤 붙안아야 할 일이다
때는 넓은 바다에 돌멩이 하나 가라앉는 듯한
가을이다

키를 뒤집어써도 좋고
네미럴, 여우는 못 잡고 온몸에 음탕한 냄새만 배고 만*
꼴같잖은 행세인들 무슨 대수랴

오쟁이 지지 않았다면
그런 가을이라면
랄랄랄랄 랄랄랄라 랄라라

*중국 속담으로 '실속은 없이 곤욕만 치르고 만 노릇'을 뜻함

나무 頌

그대가 겨울산을 지키는 나무에 대해 얘기하면 그대 입에선 아카시 꽃 냄새가 풍겨나고, 칼날 같은 바람은 어느새 기세등등한 서슬을 슬며시 누그러뜨리지.

겨울 한복판에 묵묵한 나무가 있어서, 거뭇거뭇 하늘을 가리며 내리던 눈이 돌연 하얀 깃털로 바뀌고, 그대 머리카락에 얹혀서는 송알송알 방울로 매달리지.

나무는
눈 내리는 저녁 숲가에 서서
말의 방울을 딸랑거리게 하고
설경에 넋이 팔린 나그네를 깨워
밤 동안 몇 마일을 가게 한다.

그대가 눈 덮어쓴 나무를 나직이 노래하면 입술 부르튼 채 떠돌던 난민들이 사이프러스 그늘 아래로 다시 모여들고, 그 언덕 위에 우리의 하얀 집이 드러나지.

아름다운 날들

대지를 감싸 덮은 눈은 아름다운 폭력이다.
북극 수림지대, 숲이며 얼어붙은 계곡이
공평하게 겨울을 한 겹 더 덮어썼다.
이 눈이 녹으려면
굶주린 곰이며 여우가
열두 번은 산턱을 넘나들어야 할 게다.
마을에 닿기까진 요행에 기댈 밖에 없지만
눈보라가 얼마나 많은 날을 헤매게 할는지 모른다.
사냥오두막에서 사내는
비상식량과 소총, 건사해둔 모피를 챙겨
없는 길을 찾아 떠난다.
서른세 해는 눈물과 상처로 얼룩졌지만
지금 쌓인 눈의 부피와
부드럽게 굴곡을 지은 풍경 속에서는
아주 단순하고 가볍게 요약된다.
총구를 느낀 야생동물이 귀를 쫑긋 세우는 거나
이런 철엔 새들도 짝짓기를 하지 않는
그 이치와 조금도 다르지 않다.

사내가 간밤에 가진 사정(射精)이
찔끔 흘린 눈물처럼 서러웠던 건
따스한 체액의 낭비 탓이 아니라,
오래 붙안고 있는 건 무어나 식어
죽음의 빛깔을 띠게 마련이어서다.
산중의 아침은 늦게 내색하고
더 일찍 하룻날을 마감하기 때문에
한껏 아름다운 날들,
햇살은 눈[雪]을 다칠까 걱정해 잠시만 비칠 터이므로
해바라기 기회를 놓쳐선 안 된다.
눈 덮인 산골짜기에 한 가닥 선을 남기며 가는 사내는
제 체구의 무게를 정직하게 감당한다.

겨울산이 하는 말

가까우면서도 높고, 매일 대할지라도 새로워질 뿐. 지금까지 그랬듯 앞으로도 그러할 태초 본연이요 그대로의 있음이니라. 생명의 모태인 바다가 출렁거려 자정작용을 하듯 나 또한 천지간 의연히 버텨 섰으므로 만물과 인연이 길이 이어가게 살펴 거두리라.

사람과 역사의 비린 욕망, 걸음마다 남기는 회한, 은 삼십 냥의 죄 값도 내게 와서 버려라. 더러운 마음 아니라면 일곱 번을 일흔 번이라도 와서 버려라. 그것들의 터럭 한 올 뇌수마저 깡그리 지우고 헹궈 그대들 영혼이 저 고생대 빙하처럼 순수케 하리라.

더불어 숨 쉬는 소나무 박달나무 향나무 상수리나무…… 백년을 묵어도 첫돌 맞을 때같이 싱그럽고 철따라 거듭나는 나무가 정결한 흰눈까지 덮어쓴다면. 이로써 태어나고 노래하고 사랑하며 지칠 줄 모르는 아침을 맞게 되리니, 내가 즉 영원이며 신생이노라.

나는 동네젖 먹이는 천덕꾸러기 아낙인가 하면 누구나 즐길 청정한 골바람을 일으키고, 동지섣달 깊은 밤에 홀로 눈떠 황금알 낳는 자궁이니, 나를 동경하여 들쳐 일어서는 자 푸른 달빛 아래 이슬 젖어 찾아 부르는 모두 두루 반기는 여신인지라. 진실로 나

무덤이 곧 요람일 테며
다시 땀에 젖는 열락이느니,
스산한 들녘엔 돌연 꽃과 나비를
방황에서 돌아오는 이의 침상이 되는,
저마다 자신을 돌아보게 하는 지혜이니라.

새타이어

한강이 얼어붙었다 얼어붙었다
죄 많은 사연들은 가진 무거움 때문에
얼음장 밑으로 가라앉았고
기슭엔 말라붙어 뻣뻣한
간통을 첫 경험한 자의 달짝지근, 들척지근한 것만
굴비 엮어진 듯 가지런하다.

그밖에 짚여지는 건
빛바랜 포스터 같은 데서 접했을 성싶은
한 마디 경구,
'사람에게 양심의 자유보다 더 매혹적인 건 없지만
또 그것보다 더 괴로운 건 없다.'*

*도스토예프스키의 「카라마조프의 형제들」에서

제2부

달뜬 속삭임으로

봄 날

들썩인다
볕바른 곳에서
마른 땅을 밀치며 콩과식물 엉덩짝이
펑퍼짐하게 부풀고 있나 보다.
이날 내게 어지럼증이 도지는 건
남쪽 따뜻한 바다 속에서
강리(江籬)* 암홍색 잎줄기들이
마음 다잡지 못해 마냥 흐느적이기 때문일까.
그 흐느적임도 시틋해져서
새침데기 골로 빠지듯
머리 빗고 양양한 걸음새로 나설 것 같아서일까.
암홍색이 데쳐지면 녹색으로 변한다
잎겨드랑이의 끈적거리는 땀샘.
한동안 잠잠했던 어금니가 쑤신다
봄기운이 도처에 널브러져
곶(串)과 만(灣)이 허벅지를 포갠
저 밑으로부터의 들썩임.

*江籬 : 잔잔하고 얕은 해저에서 자라는 홍조류의 하나

봄이 오고 있다는 것!

관악 산등성이에서 올려다보면
하늘 길 따라 잇달아
비행기가 날아든다. 고도 · 방향이 다 다른데다
그 형형색색이라니!
약이 오른 듯 대가리를 치켜세운 놈이며
이웃 새댁의 자태처럼 미끈둥한 것
더러는 마징가 제트같이 강퍅한 녀석도 있다.
저것에 성별(性別)이 있을까
기슭 수림대로 거대한 그림자를 휘딱 드리웠으나
한강에 배 지나가기다.

능선마다 삐죽삐죽한 바위너슬
아, 암반 아래서도 수맥은 흘러
땅속 길 따라 제가끔
스멀대며 아랫도리를 적신다.
이 부동의 굳은살 밑에서
숨죽인 채, 그러나 지속적으로 꼼지락대는
물줄기. 삶에서 일어나는 일은

미상불 불가측 불가해하다.
그렇지만 확실한 건, 이렇게
이렇게 봄이 오고 있다는 것!

봄 밤

아흐렛날이 좋긴 좋을 게야.
저기 보리밭 고랑은
어슴푸레 젖어드는 달빛과
보드랍게 살진 보리며
바다 밑 그저 한 통속일 테니까.
동네방네 떠들썩하게 —그랬다더라 한들,
휘늘어진 벚꽃이 제풀에 꽃비 단비로 흩뿌려진들.
물색 모르는 사내가 반주그레한 과수댁 옴팡집서
맨 걸음에 제 입성만 거머안은 채
코피 쏟으며 줄행랑을 칠 때도
아흐렛날 야밤이 좋긴 할 게야.
꽃분홍이나 자줏빛이 한가지인 듯,
엎치고 덮친 것도 그게 그것인 듯.

놀 람
— 연습곡

꽃들이 다투어 피어난다
저마다 아우성이다
어떤 건 낭떠러지 바위 틈새,
혹은 부서지는 파도의 너울머리,
더러는 치솟는 화염의 펄럭임 끝에서
연대하여 몸부림친다.

심상찮은 사태의 이 놀라움.
들끓듯 쏟아져 나와선
와그르르 무너지다니!

꽃은 왜 다시금 들쳐 일어났으며
이내 자신을 허물어뜨리고 마는가.
저 위태로운 감각으로
무엇을 붙들어 매려 하는가?
사라짐을 전신으로 막겠다는 건가?
아니면, 어떤 불멸의 제단을 쌓겠다는 건가?

오밤중에 별들만 찬란하다

아무려나 그는
무덤까지 가져가야 할
비밀 하나 간직하지 못한 사내였다네.
우윳빛이며 밤꽃 냄새 그득한 밤들이
그에게 무슨 뜻이 있었을까?
속적삼 같은 달빛인들.

죽어서 그의 피는
대밭머리의 소슬바람이 되었을 테고
살은 생모래 씻어 내리는 여울물로 흘렀을 거라네.
그해 때죽나무 꽃은
유달리 새하얗게 매달려
아낙네들 잠자리에서 부스스 깨어나
아리랑고개로 날 넘겨주소, 노래 불렀다네.

그런 오밤중엔 별들만 찬란하다네.

붓 꽃

산속 습지를 지나고 있을 때
순간, 만상이 숨을 멈춘 양했다.
거기서 보았다. 뿌리줄기에서 자란
꼿꼿한 잎 사이로 고개를 치켜세운 붓꽃!
나는 신의 목소리를 들은 성싶었다.
여기가 어디란 말인가?
밤이면 야행성 육식동물이 송곳니를 드러내고
해마다 수많은 나뭇잎들이 포개져선 썩어갔으리라.
모면할 길 없는 수렁과 몸부림의 긴 사연,
죽음과 소생이 켜켜이 쌓여 있어
어디서건 두런거리는 소리가 들릴 법한데
이 고요는 또 어디에서 우러나는 걸까?
그 속내를 헤아릴 길 없다. 다만 없는 소리를 지금 듣고 있느니.
가장 깊은 속(裏)이 실은 겉에 다름 아니고
저토록 선연한 꽃잎으로 피워낸 것도
그동안 이루지 못해 흘린 진땀이 모인 결과일는지 몰라.

이 산하는 나를 이런 섭리와 함께 하게 했고
살고 사랑한 끝의 내 서늘한 곳간에 지금
자줏빛 붓꽃 송이로 채우려는 걸
내 이제 불현듯 깨닫느니,
지나가는 등 뒤로 신의 목소리를 들은 듯도 싶다.

치자나무 꽃

미성(未成)의 덫이 어떠했든
또 은의를 베푼 늙은 상인과
건건찝찔한 소문이 수군거려졌음에도
이제 치자나무 꽃향기로
오직 한 사내 앞에 나타난
그루셴카*.

모끄로예**에는 눈발이 흩날리고
뜨로이까 마차에 올라
담비털 같은 검정 쇼올로
우윳빛 풍만한 젖가슴을 가린
러시아 처녀가 눈웃음친다.

〈성장(盛裝)의 문턱에서 윤기를 잃기 시작할 짓무르기 쉬운 덧없는 아름다움〉

이럴진대 이 7월의 사흘은 무슨 가망이 있을 건가
하얀 치자나무 꽃 앞에서

내 애틋하나 가뭇없음.
돌아서자 등 뒤에서 이미
백옥의 한 형상이 허물어지고 있는데
오, 그루셴카.

*도스토예프스키의 「카라마조프의 형제들」에서

**위 소설에서 드미트리 표도로비치와 그루셴카가 밀회한 마을

무슨 까탈일까?

1

앗차, 손에 쥔 물건을 화분으로 떨어뜨린 탓에
총상꽃차례로 핀 심비디움 꽃망울이
네 개나 나뒹굴었다.
목이 뎅겅뎅겅 분질러진
분홍빛 속살, 그 낱낱의
연초록 봉오리!

곤두박질친 힘에 비끄러맨
순결무구한 초경(初經)의
연쇄적 낙하

무슨 묘약 있어
저것의 무른 젖꼭지를 딴딴하게 하고
벌어지려던 입술에 새콤달콤한 맛을,
연인들만 터뜨리는 열락으로
이르게 한다는 말인가.

2

육체에서 떨어져나간 건 무엇이든
(잠시 유예의 시간이 주어졌다 해도)
햇빛과 바람이
귓속말 달뜨게 속삭여 줄지라도
꽃망울은 분홍빛 오르가슴에 다다를 순 없다.
오, 뿌리와 몸통
타오르는 열기를 연소시키는 불꽃 없이는……

잠깐의 방심이 갈라놓는
사물과 욕망,
낭패와 절정의 경계

무한의 심연은 언제 어디서나
간발 반경 안이란 말인가.
붙안고 솟구치고 벌어지려는
그 어디 틈서리에
덫이 있단 말인가.

내 사랑은

이제 내 사랑은
사랑하는 사람을 이름 불러 손짓할 수가 없네.
밤하늘의 저 숱한 별 하나하나가
불멸의 눈짓으로 반짝거릴지라도
나는 이 사랑을
어떻게 이름 지어 부를 순 없네.

가장 내 것이기 때문에
그 누구도 훔쳐보거나
빛깔과 물무늬를 요량해 볼 수는 없을 이것,
나 아닌 누군가가
보듬어 안아 떨 수는 없겠기에

그래, 내 사랑은
최고로 잘 되어도 하찮은 짓에 불과한 시(詩)* 같은 것.
혹은 생게망게한 그 무엇인지 몰라.

하지만 회색 거리 모퉁이의
(여전한) 빨간 우체통,
낙엽 밟히는 바스락거림,
귀뚜라미 울음소리에 불현듯
가슴 뭉클해지는 그것은
무어란 말인가, 그건 무어란 말인가.

*2000년 시드니 〈문인축제〉에서 시를 반대하는 젊은이들의 反詩 선언

패러독스

우리가 일상 절대 아니다 라고 할 때, 그 말 속에 그렇다거나 맞다거나 옳다 중 어느 한 가지가 들어있게 마련이다. 금강석은 가장 단단하기 때문에 어떤 것보다 모질게 깎이고 세밀히 다듬어진다. 절대라는 말이 덫이고 가장이란 뜻이 위험천만이다. 파도는 다만 부서지고 잦아들며 덧없는 일이 반복되는 그것만이 불변인 곳을 향해 끈질기게 밀려든다.

모든 이별에는 나름대로의 애틋한 사연이 있으리라. 절대 헤어져선 안 될 사이에 영이별이, 가장 잃어선 안 될 것에 상실이 따른다. 우리는 결국 떨어져야 하고 끊어질 게 틀림없을 무엇을 얻고자 기를 쓰고 있지 않을까? 하지만 틀림없을이라는 말 속에 희망이 있어, 금이 가고 깨지고 곤두박질쳐질 그것만이 온전한 길에 나 오늘 그대 찾아 나선다.

조난자

가문비나무 · 굴참나무 · 물푸레나무 · 이팝나무
고로쇠나무 · 마가목 · 쪽동백
우거진 사이로
어느 한나절 아른아른 얼비치는
햇살 자투리.
무주구천동은 필경 블랙홀이다. 뜬금없이
기억 한켠을 집적거리는 은실타래 한 올의
현악기 가락,
아, 그 좋았던 순간……
귀신에 씌었단 말인가. 이게 아닌데,
헛물켜지 말아야 한다.
나는 지금 분명
조난당한 거다!

이상한 나라

부지불식간에 떠밀려졌다.
어쩌면 키 같은 것에 까불렸나보다.
그 방, 이웃과 우리 마을에서
어느 틈에 이상한 나라로.

— 공동체란
묶은 노끈만 끊어져버리면
가장 두터운 것일수록 쉽게 흩뜨려지는
미사여구에 지나지 않는 것일까?

이상한 나라에서는
끼리끼리 울타리를 만들고 몫을 나눠 갖고선
저들만의 개선 행진곡을 신나게 불러댄다.
자기만의 생각, 이미지,
자신의 꿈에 취해 있으니
승합마차 수레바퀴는 멋대로 굴러간다.

— 그때 그 뜬계집은

바다가 내려다보이는 언덕에 양옥을,
대문엔 금빛 문패를
버젓이 달고 살 성도 싶다.
세상이 물구나무선들 어떠랴
삶긴 돼지가 뜨거운 물 무서워하랴.

아직, 혹은 느직하게

'아직' —그것 하나가 희망이다.
여름 한낮 성급하게 그은 소나기는
제풀에 계면쩍은 낯빛 아니냐.
개가죽나무 밑에 개오줌 냄새,
울안이 재스민 향기 가득할지라도
속내 깊숙이 묻어두어라.

인도 신랑이
재스민으로 꽃장식한 코끼리를 타고
떠들썩하게 아방궁을 향하고,
솜털 송송한 앳된 계집이
침방에서 목을 빼고 기다릴지라도
한사리는 스멀스멀 다가드느니—

그대와 나는
쑥대밭머리서 더 서성거려야 하고
무수한 바람이 넘나드는
방파제 위에 서서

심장 무두질해 가며
더 새벽별을 바라보아야 한다.

절정의 정오 한때라 해도,
저 생식의 개펄 구멍마다
게들이 수선스레 게거품 무는
하루의 그
끄트머리일지라도.

河口

펑퍼짐한 아랫도리는 오냐 오냐 한다.
모래둔덕 아래 무성한 갈대밭과
거기 자리 펴 누운 나른함마저
적시는 물과 물의 어귀,
쏟아져들고 받아들임의
느긋한 평정(平定)을.

오래 참고 기다릴 일이다.
잇단 호흡과 리듬의 소용돌이는
언제나 하구에서 득의에 다다른다.
당도할 곳을 아는 물줄기,
그처럼 우리도 시간과 미만(未滿)에 부대끼며
물굽이와 웅덩이 길 방황에서 돌아와
내외가 얼굴을 맞댐으로 일상을 완성한다.

예외란 없다.
금강이 금침을 펴고
영산강이 콧소리를 흥얼흥얼대는 사이

낙동강 오리가 몇 개 알을 낳는다.
고요한 돈 강이 혁명에 들까불리던 끝에
흑해와 만나 몸을 푼다.

폐 문

해묵은 곰팡이 냄새다.
폐문을 지탱하는 경칩은
제풀에 더 빨리 녹이 슬고
근처 둔덕에서 너울대는 나비는
가까이 얼씬거리지도 않는다.
엊그제 닫혔다 할지라도 저 뒤쪽은
'빗물 고인 시퍼런 물이끼와
늘쟁이 명아주 강아지풀로 거멓게 엉키고
지렁이, 두꺼비 같은 늙은 개구리가 꾸물거려' *
성에 차지 않을 성일 뿐이다.
밥물 넘치던 아궁이가 아직껏 식지 않았다 한들
그 언저리는 거미줄이 쳐 어벌쩡하기만 한 것을
걸린 빗장은 헤아릴 줄 모른다.
사랑은 버려두면 누구 하나 거들떠보지 않는
성조차 잃어버린 무명(無明).
발자국 소리 땀 냄새 도둑의 내심과
반질대는 문턱, 끓는 부뚜막,
그것이 집이고 마법의 성이다.

폐문에는 적요한 가을햇볕만
하릴없이 스쳤다 간다.

*김동리의 「무녀도」에서

먼 기억에서

성 밖 처녀야,
마당 한편 산초나무 곁에서
가지 끝 취산꽃차례로 핀 꽃 바라보던
처녀야, 성 밖 처녀야.
오월이 가고 가을 저물고
배꽃 같던 웃음도 먼 기억으로
사위어, 지금은
빈 들녘 가득 붉발이 어린다.
그 우물터 어림엔
도깨비바늘 관모(冠毛)만 시쁘게 흩날린다.

데이지, 말하려무나

사람들이 쑥대밭머리에 서 있다고 생각할 때
갑자기 고요해졌다고 여겨질 때
돌아가려고 몸을 돌릴 때
무언가 눈에 잡히는 듯해
무심코 바라본 거기,
하늘대는 데이지…… 몇 송이 들꽃.

숨바꼭질하던 조무래기들
어느 사이엔가 하나둘 빠져나간 뒤
무너지듯 덮씌우는 어둠 가운데 홀로 내동댕이쳐진
순간, 부스럭대는 소리
찬물 한 방울같이, 어금니 시리게
그렇게 너는

올 것인가? 오는가? 왔던가?
스쳐가듯 — 어쩌면 사라져가는 중일까?

그 틈바구니, 또는

흐름 속에 비껴 서늘한 눈매로
저무는 들녘 한 귀퉁이의 데이지.
이럴진대 나는 잠시 머물러 서서
내 조급한 생애를
조금쯤 늘여잡아도 좋을 것을.

심연에서

지구가 기운다. 어럽쇼
지상이, 세상이 한쪽으로 쏠린다
지금은 때가 아닌데…… 쌓아놓은 거라곤
부끄러움뿐, 그것만 곳간에 차고 넘치는 때에
잃어버릴 게 없는 편이 차라리 부러운 저울 위서
나는 시방 절체절명, 중심을 잡을 수가 없네.
오호! 부끄러움은 비교역재(非交易財)여서
누구에게 떠넘길 수가 없으니 이를 어쩌나?
내 생애의 경영은 철저하게 결손 투성이었네.
사자(死者)에게 진 그 많은 부끄러움의 부채와
당장 건너야 할 이 도저한 붉덩물 앞에서
잃을 것 잊을 것도 없다는 건 사치다.
균형을 잃고 떠밀리네. 아뿔싸
무게가, 존재가 기운다

제3부

이강에 뱃길 끊어질라

내 안의 불꽃과 꽃불

장작더미가 활활 탄다.

불꽃이 탁탁 소리를 내며 튀는 건 불의 성취인 동시에 꽃의 소멸이다. 불은 흐르고 꽃은 머물기 때문일까? 아니, 불꽃이 탁탁 소리를 내며 타오를 때는 꽃이 피어나는 동시에 속에선 불이 스러지고 있는 중일 게다. 꽃은 무(無)에서 하나의 형상이 생겨나는 탄생인데 반해 불은 존재를 태워 무(無)로 되돌아가게 하는 힘이니까.

만일 〈불꽃〉을 〈꽃불〉이라 할라치면 우리에겐 꽃이 선명하게 다가들므로 세상을 아름답게 밝히는 현재만 바라보게 되며, 불이 미구에 낳을 캄캄한 어둠은 뒷전으로 물리고 만다. 꽃은 우리 곁에 머무는 유기체, 불은 영원으로 묻혀 사라지는 것이기에. 그럼에도 상이한 두 속성이 늘 포개어져 우리 입에 오르내리는 건 무엇 때문일까.

〈불꽃〉과 〈꽃불〉은 이음동의어(異音同意語)이나 불꽃은 육신을 지배하고, 꽃불은 영혼을 지향한다면……

오, 내 안의 불꽃과 꽃불!

촛불이 펄럭인다.

진리 가는 길

걷고 걸어 당도할 곳이
산자락에 엉겨 붙은 촌락인지,
간고등어 꿈꾸는 듯한 눈깔과 마주칠 어촌인지
그건 알 수가 없다.
진리(眞理) 가는 길.
재 아래 솔숲정이쯤에선
어린아이가 동화를 읽는 낭랑한 소리.
하늘을 무겁게 이고 보릿단에 매달린
농사꾼 아낙의 번들거리는 땀을 보게 되리라.
거짓으로 울 줄 모르는 뻐꾸기 울음과
해마다 뜯겨지면서도 여전히 무성한 쑥대밭에서
유랑 유대인 노파의 푸념 같은
질긴 애착에 상도(想到)할 수도 있으리라.
모든 풍경이 이렇듯 애면글면하는 탓에
해질녘까진 찾아야 할 마을은
더욱 요령부득이다. 너나없이
진리 가는 길.

참숯에 대한 단상

새빨갛게 타올라 꽃이 되었으므로
너는 하나의 묵시를 이루었다.
수많은 잎새를 매달았을 땐
별들의 매혹적인 눈빛은
태양이 허락하는 시간 속에서
아득한 안타까움이었을 뿐이고
이따금 살짝을 흔드는 연두색 속삭임도 변덕이었다.
세월은 주었던 것을 서서히 거둬들이고
마침내 바스러져 내려야 하는,
살아 있는 몸짓이 감내해야 하는
그 그늘로부터 벗어나
어떤 침해도 더 이상 저상(沮喪)할 수 없는
사물로서의 참숯덩이.
우리의 심장은 과연 선홍 그대로인가
이승에서의 익명(匿名)은 천상에서의 명예보다 좋다는
눈비 내리고 질척거리기만 했던 세기.
불가마 속에서 활활 타올라라
타닥 타닥 타닥 타닥
열과 혼이 하나로, 새빨간 꽃으로.

낙엽송 작은 숲

일상 목구멍으로 치받치던 것들은 다
낙엽송 그늘 아래 잠들기를.
간밤의 근심, 근심의 무게와
어린 날 은하수와 반딧불 기억까지
저 낙엽송 작은 숲에 묻히기를.

　낙엽송 숲은
　둥치의 올곧음만큼이나
　멀고 아득하진 않다

오, 거룩함을 거부하는 거룩한 자에게
낙엽송 숲 그늘이 드리우듯이
아침의 근심, 근심의 부피와
훗날, 내 귀가 듣게 될 해질녘 피리가락에도
숲 속 빛무늬가 일렁이기를.

　낙엽송 숲은
　단풍 노랗게 물드는 만큼이나

깊고 안타깝진 않다

가지 사이를 오가는 산까치야,
넌 왜 우는 거니?

벤 치

벤치는 오도카니 동떨어져 있는 것처럼 보이나
실은 가슴 열고 오라고 눈짓한다.
언제나 이웃들로 하여금
공평하게 쉬었다 가게 한다.
천사와 노숙자가 나란히 앉아
서로의 안부를 묻는가 하면,
개중엔 오늘 일에 골똘한 사내
내일을 아랑곳하지 않고 왁자지껄 떠들어대는 아이들,
모자를 멋지게 젖혀쓴 젊은이는
어제를 개의치 않는 천연스런 얼굴이다.
―하지만 벤치에서 일어설라치면
여인의 침실에서 벗어날 때 뒷모습에 어리곤 했던
그런 고독한 인상을 풍긴다.
인적이 끊기고
달빛조차 흐릿한 한밤중엔
바람도 없는데 은행잎 하나 소리없이 내려앉더니
고대 땅바닥으로 굴러 떨어진다.
짧은 이별이요 작은 파문이다.

벤치는 내쳐져 홀로 남겨진 듯해도
흐르고 스치는 것들 속에서
다만, 함께 머물러 있다.

소 묘

자리를 뜨기 전, 왜 나는
빈 낚시나마 한 번 더 던져보는 걸까
해가 뉘엿뉘엿해지면
길 떠날 요량 아니어도
이강(漓江)에 뱃길 끊어질까 마음 켕기듯.

바람 속에서 무슨 기미가 전해진대도
그 또한 부질없는 바람 속 속내다.

나는 내 생애를 무슨 숟갈로 되질했던가?
남쪽 해안 개펄 위로
가창오리 떼 날아올라 원무를 그리고,
늪지의 수더분한 황새는
겅중대며 하루해를 넘긴다.
그러나 눈길 가까운 둔덕엔
갈대가 가을 햇살 아래서
힌두 성자의 흰 수염같이 적요하다.

내 마음속의 리듬

아침은 한결같이 신의 선물이었지.
저녁이면 차고 넘치는 보랏빛 그늘,
대지는 든든하고 푸르러서
뿌리와 잎, 발톱과 혀, 폭염과 느닷없이
내리꽂히는 빗방울
어느 것인들 괜찮구말구, 아무렴 살기가 쉬웠지.

오, 아프리카
흐미흐문 우할라할라
명예로운 전사의 힘찬 노래와 발굴림!
저 광휘로움에 누가 먹칠을 했단 말인가.
조상신이여 지배자 어머니여,
무리에서 내쳐진 암사자의
비틀걸음, 드러난 마른 갈비뼈에
전율을 긋는 대머리독수리의 눈
핏빛으로 타는 저녁놀.

아프리카, 그 눈물을

검은 자유와 힘줄 불거진 목덜미,
어스름 무렵 가뭇없이 흔들리는
모두의 시간이며 생존이며 타는 심장으로 바라보는 때,
침묵으로 장송하고 말 것인가!
흐미흐문 우할라할라
옛날, 달빛 아래의 춤을,
북소리에 묻어나는 우할라할라.

쾌청한 날

흰 돛단배가 미끄러져 간다 싶자
아, 저런 때가 있었지.
모태 회귀 같은 순간
실제로는 바위산을 가린
고층 아파트의 흰 벽만 선연히 다가든다.

가슴이 서늘해진다. 이어
어디서 들려오는지
귓전에 속삭이는 말,
—그대 다시 고향에 돌아가지 못하리.

백년하청(百年河清)이라던 황하 물이 맑아진단다
그림자가 제 자신의 그림자를 바라본다
보푸라기도 제 무게가 짐스러워
낯을 찌푸릴 것 같은
쾌청한 날씨다.

마알갛다. 세상의 속내도 한껏 확연해져

정이 솔기솔기 배거나 묶을
그루터기란 없다.
—그대 고향엘 다시 못 가리.

附 言

지상에 드러난 건 무어나
제 무게를 감당해 나가지 않으면 안 된다.
새의 깃털은 그지없이 가볍지만
산을 넘고 바다를 건너는
몸뚱이를 떠받들어야 하고,
침엽수 사이로 흩날리는 눈발도
내려쌓여선 응달을 이뤘다가
땅속으로 스며들기까지의
시간을 견뎌내지 않으면 안 된다.

여름 한 철엔 살기가 한결 쉬웠지.
바다에는 망둥이가 뛰고
'마루를 구르며 노는 어린것들……'
그럴지라도 거북이며 꼴같잖은 자라는
민망스런 목을 내밀지 말라.
설령, 상대 오지랖이 넓어 보인다 해서
거시기마저 어물쩍
치켜세우려 들지 말라.

사람의 길

나는 이제 이끼가 덮인 길을
걸어볼 순 없겠지
만일 그 같은 데가 있다면
그건 하늘의 길, 도(道)여서
옷깃을 여미며 비켜가고 말겠지

어쩌다 만나는 풀밭이나
여름 숲을 걸을라치면
절로 부르게 마련인 휘파람,
이때 누군가 내 휘파람소리를
귀 기울여 듣는 것 같아
홀로 떨어져 있어도
혼자가 아니라는 생각이 들지

무심한 흙무더기들
그냥 그 자리에 던져져 있을 뿐인
저 돌팍들은
언제부터 이끼를 덮어쓰지 않게 된 걸까?

진눈깨비가 내리고, 얼어
눈꽃 맺히는 이 지상에서 왜
하늘길을 지워버리고 만 걸까?

나는 옛적에는 있었던 길을 바라보고
지금은 없는 길을 걸어가지
하늘의 길
지상의 길
그리고 오늘, 사람의 길

하늘 길

드높은 하늘 아래 고추잠자리를
하늘하늘 날게 하는 거나
노인의 지척거리는 걸음을
고갯마루에 닿게 하는 건
산소다. 어디든 있으나 눈엔 띄지 않는……

누구나 필요로 하는
청량한 생명수,
잎을 틔우고 자단목(紫檀木)에 향기 듬뿍 젖어들게끔
뿌리가 한사코 거머쥐려 하는 건
어둡고 찬 땅속에 있다.

사람들은 해거름 때
어느 쪽에서도 보일 법한 탁 트인
하늘길 찾아
눈을 위로 치켜뜬다.

아니다 아니다 누구에게나 열린

하늘길이라면
우리 눈높이 아래, 어쩌면
저 잡목림 우거진 응달쪽에 있는지 몰라.
잔설 희끗한 후미진 어디쯤 나 있는지 몰라.

지상의 작은 등불

사시사철 허리 한번 못 펴고 산
늙은 느티나무가 말하네.
그래도 행복했던 한때를 기억하든가
캐비닛에서 꺼낼 무엇인가를 가졌던 시절,
혹은 감미로운 이별 하나쯤 간직했다면
슬퍼하는 사람아, 너희는
복되어라.

저문 강가에서 넋 놓고 서성이는,
혼자서 울음 깨물 수밖에 없고
희망이란 말에 신물이 나는
그런 이들이 말하네.
칼바람 찬서리를 의연히 견뎌낸
느티나무여, 너 오래
푸르러라.

아기는 어느새 잠이 들어
천상 악기소리에 귀 기울이는지,

나비 떼 황홀하게 춤추는 걸 보는지,
살짝 웃음을 짓는다. 저 무심한
지상의 작은 등불
오, 아가야.

산중문답

내 일찍이 생을 찬란코자 했다면,
이름 석 자를 세상에 떨치고자 했다면
덕유산을 몰라도 좋았으리라
결코 덕유(德裕)를 찾지 않았으리라.
그건 저대로
누구를 향해 대범스러운 게 아니고
무엇이 있어 무량한 게 아니어서
그냥 몰래 잎을 틔우고
저절로 그 잎을 떨어뜨리면서,
소나무는 이리하여 청청하고
굴참나무는 또 황황하여
혼림(混林)으로 인해
구천동 계곡은 사철 젖었더니라.

내 일찍이 이 원시림 속을 찾아
늑대 울음소리를 들어가며
별빛 아래 잠들었더니라.
사십 년 전의 잠이,

그 시린 계류가
여태껏 내 핏줄 속에 융융히 흐르는 것
—이름하여 덕유산(德裕山) 아닐 것인가.

鳴沙山 月牙泉
— 돈황

사막이 이판사판인 꼴에 질려서
바람과 시간조차 훼손치 못할
명사산 하나쯤 솟구쳐 올렸던가.
끊임없이 쓸려 내리고도 덧쌓여지며
모래 구릉은 날 새면 본디 그대로다.

내가 여기 서 있음은
어떤 초조감에 떠밀려서일까.
먼 길을 이렇게 찾아온 건 아무래도
허물어졌다가도 다시 일어서는
장사(壯士)의 꿈 때문이 아닐까.

모래벌판 한 귀퉁이 샘,
미인의 눈썹인 월아천
아니, 낙타누깔이다. 오랜 세월
통정의 늪, 우람한 사내 흔적을 간직한
수절 아낙네의 볼우물 같은……

가고 오는 세월 속에 머무는 것 있어
불끈 치솟은 모래산은 그것대로,
물그림자 지는 월아천 또한 고요하다.
내가 이 정적과 만남은
못 버린 불멸에의 꿈 때문이 아닐까.

노 을

서녘하늘이 붉게 타오른다.
어쩌라는 말이냐?
누군가는 밤새워 가야 할
별밭길을 나서는 참이고,
다른 또 누군가는
그리운 이 곁으로 가기 위해
적송 베어 황포돛배 한 척 짓는다네.
저녁 한때를 맞는 사람아, 사람아
멈추거나 돌아설 줄 모르는
불개미 떼처럼, 강물의 떠밀림처럼
노을은 시시각각 숨이 가쁜데
어쩌겠다는 것이냐?

내리는 눈발 속엔

흩날리는 눈발 저편으로
이름 석 자 기억에 설핏한 사람이 나타나
생시같이 목덜미를 여민다.
이편 모퉁이 군고구마 가마 쪽엔
한 아가씨가 붙어서서
따끈한 종이봉지를 받아든다.
그 언저리 흰눈은 연기인 듯 증기인 듯 아슴푸레하다.
이승과 저승의 건널목에도 눈발이 분분하다면,
그대와 나 사이에도 이같이
녹이고 녹여든다면.
일체는 제각각의 두루뭉수리지만
세상 복판으로 흰눈 송이송이
어울려 흩날리는 속에서는
어제와 오늘,
바라보는 눈과 보이는 이가 둘이지 않다.

어떤 회상

이슥한 밤,
연못 붕어가 입질하는 소리, 혹은
땅속으로 뻗어가는 뿌리의 안간힘 같은……
그렇듯 고요 속에서 회상되는 정서일까.
정말 그렇게 환기된 걸까?

쏟아져 내리던 눈이 멎고
성에가 별꽃 무늬를 새겨놓은 창 안쪽
아! 실내의 훈김 감도는 식탁 언저리.
옛날에, 옛날 풍경에
가난했던 시절의 잠에

긴 하루가 저물어 이슥고 어둠이 감싸는,
볼가 강을 오르내리는 화륜선상에서
고된 노동과 책갈피 갈피에 묻혀
잠을 쪼개고
사상을 후벼파는 동안
뼈저리게 뼈마디가 굵어진 막심 고리키.

무엇 때문에 문득 상기되는 걸까?
푸른 밤 적시는 노랫가락같이
(하지만 때로는
두렵게 다가오는 새벽 숨결로……)
그래, 그런 시절이 있었지.

늙은 유대인의 하루

1

눈보라가 기승을 부리는 날이다
사방을 평화롭게 에워싼
자작나무 흰 둥치는
분분함 속에 아련히 잠든 양하나
유대마을 늙은이 센 눈썹엔
몇 개 고드름이 맺힌다.

검은빵 한 덩이
각설탕 한 개로 아침을 맞으며
"말 못 하는 짐승이니까……"
꾀죄죄한 망아지에게 다가가
건초에다 아까운 귀리를 보태준다.

하루는 이제 시작됐을 뿐,
밤이 내리기 전까지
떠날 채비를 서두르지 않아도 좋으리라
밭은기침이 눈사태에 묻혀
흐지부지 지워진다.

2
질긴 멍에엔 푸른 녹이 슬었다

오늘 설해(雪害)가 심할라치면
어떤 재앙이 문을 두드릴는지 모른다.
아무 상관이 없는 일에도
모든 나쁜 것, 느닷없는 재앙은
유대인이 셈을 치러 왔으니까.

태어날 때부터 뒤쫓는
숙명의 검은 말발굽 소리.
"똑똑한 개는 채찍을 알아보고 피하는 법이야"
자신의 핏줄에 멀미가 날 지경이어도
자작나무 숲은 환상적이다.

그래도 눈보라는
유대인마을을 다른 마을로부터 멀찍이 떼어놓았고
찌든 남루와 두려움을

할퀴고 찢어발긴 채
하루 낮의 안식을 준다.

다리를 뻗고 뭉그적댄들……
눈발 사이로 눈발 사이로
늙은 유대인 가는귀가 듣는
천상보다 가까운
오, '지붕 위의 바이올린'*

*제정 러시아 시대의 유대인 박해를 그린 영화 제목

제4부

아득한 상념

그럴지어다

조금쯤은 출렁거릴지어다
촐촐한 저녁참을 따끈히 채우듯이,
채워진 그것이 흔들려
별빛 또한 금강석으로 반짝이듯.
미끈한 허리도 깨어 일어나
잠든 시간을 애써 끌어올리리라
두둥실 두리둥실 배 떠나간다
출렁거려 넘친 몇 방울 물이
산솜다리꽃 되거나
물총새로 날아오를는지 몰라.
더 출렁거린들……
만월이 이지러지기야 할까.

내 적막한 저녁이 출렁거려서
수풀은 밤이슬로 촉촉이 젖고
먼 바다엔 뇌성벽력이 칠 거라.
천녀도 화들짝 다투어 화관 쓰고 나올 거라.

희끄무레한

야밤중에 대문 앞으로 다가선
누구인가? 희끄무레하게 버텨서서
말없이 집안으로 들어올 기색이다.
저게 무어란 말인가
숨은 달빛, 외마디 비명을 지르려 했으나
가위 눌린 탓인지 용만 쓰일 뿐.

일상, 무엇인가가 오는가 싶자 스쳐갔다.
올 한 해의 희망도 으레 바스러져갈 게다.
어떤 건 목의 가시로 걸리기도 할 테지만
그렇지 않더라도
그 또한 일상의 근심만 부풀렸을 게다.

그런데 스쳐 지나가지 않는
이 희끄무레함, 느닷없이 나타난
저게 무엇일까?
얼굴은 드러내지 않고
음험한 자태로 다가선 것,
달빛도 하얗게 질려 숨어버린 때.

반달곰이 보이지 않는다

사람은 모두 대지의 한 조각, 이 땅의 한 부분
한 덩이 흙이 파도에 씻기면 유럽이 줄어든다
곶(岬)이 줄어들 듯이……

—존 던

산 그림자가 뜨락으로 밀려들면 아이는
울음을 터뜨린다. 무슨 일일까?

백두대간에서 가슴 무늬 선명한
반달곰이 보이지 않는다.
반달곰이 옹달샘을 찾지 않으면
그 옹달샘은 이내 말라버려
오작교는 끊어지고 별은 떠돌이가 된다.
누가 우는 아이를 달랠까.

지리산 골짜기가 깊은 적막 속에 잠긴다.
당신은 그때 어디 있었던가?

제방을 손질하러 나갔노라
구름밭을 갈고 있었노라고 말하지 말라.

아, 저 덫! 철사 올무가
반달곰의 펄떡이는 더운 심장을 옥죄어든다.
어미가 돌아오지 않는 날
굴속 새끼곰이 흑요석 같은 눈을 감을 때,
아기에게 젖을 물리고 있었노라
흥부의 박씨를 꿈꾸었노라고 말하지 말라.

당신은 어디에서 무엇을 했던가?
보라, 신녀(神女)는 이제 물레잣기를 그만두고,
초승달 눈썹의 딸들은
지아비 위해 아궁이 불을 지피지 않는다.
마을에는 괴괴한 달빛만 널려
어린아이 가위눌린다.

나는 데에 예외란 없다

전율하듯 날갯짓을 하라!
쉬운 방편대로 바람에 곁눈 팔았다간
이내 곤두박질치게 마련.
작은 벌새는 소량의 먹이를 얻고자
남보다 날개를 더 재게 놀린다.

날갯짓 하나하나가
세상살이의 빛
생명 연속의 엄숙한 발현
순간마다 죽지 않는 방식

바다제비갈매기는 해마다
남극에서 북극까지 이동해 가지만
그 숱한 날갯짓만큼
더 오래 살진 않는다.
다만, 다른 새보다 많이 우짖을 뿐

결국, 난다는 것은

살아감의 하중(荷重)을 들어올림이며
기러기 떼의 몸에 얼어붙은 호수를
산 너머로 옮기는 일이다.

새의 덩지가 크든 작든
지저귐이 울음이건 노래건 간에
나는 데에 예외란 없다!
얼음날[刀] 같은 안간힘만이
날개에 휘감긴다.

아득한 상념

가을 막바지에 고개 치켜든
길섶 들꽃에게 물어볼 거나?
곡마단 트럼펫 소리는 끝났다.
거리 벽면에
투표일 넘긴 입후보자의 얼굴은 웃고 있으나
흘러간 노랫가락이다.
다리 위엔 전을 거두고 귀가하는 양
(포장도 없고 끄는 말도 없는)
포장마차꾼이 절룩이며 지나간 뒤
적막이 짙게 에워쌌다.

—이렇듯 늦을라치면
자비를 구하기는 영 글렀지 않을까?

성(城)을 찾아온 이방인은
아무런 소식도 듣지 못한 채
몇 달째 성 밖 여인숙에서 는적거릴 때.
또 악어가 득실대는 강을 얼룩말들이 건널 때.

이따금 방울을 딸랑거리는
마구간 나귀에게 물어볼 거나?
별이 초롱초롱 빛나는
고요하고 거룩한 밤.

불가측 불가해

내 체는 정녕 어딘가 잘못되어 있다.
구멍에서 큼지막한 건 솔솔 빠져나간 다음
쩨쩨한 것만 남았으니까.
체에서 흘려버린 건
고추를 붉게 물들이는 햇볕,
윷판의 영양가 많은 한 사리 모,
'광대한 삶의 장막 뒤 심연의 가장 어두운 곳에서
본 기이한 세계' 이고,*
걸러져 목의 가시처럼 박힌 건
무엇에 연원하는지도 모를 안타까움,
더운, 더운 눈물뿐이다.
내 체는 어디가 삐꾸러졌단 말인가?
떠오르거나 가라앉지 않고 걸떠 있는,
오르가슴 직전의 동작 정지,
고사상 돼지머리의 자애로운 미소 따윈
행방불명이다.
내 체는 실로 불가측 불가해하다.

*샤를르 보들레르의 시

협궤열차는 떠난 지 오래다

뭐가 이처럼 웅얼거리나.
밑에선 동창이 밝았는지
궁싯대는 기척,
연당에 수련이라도 피고 있을까?
혹시, 돌하르방이
새파란 넷째 첩을 들이기라도 했단 말인가.

굿을 해 봤자다.
협궤열차는 떠난 지 오래다.
구름이 황금빛 암술을 드러내는 저녁,
덜커덩 철컥철컥 우르르 꽝
열차는 헐떡이며 제 선로를
닳고 광내며 치달릴 것이다.

철교가 혀를 쑥 내밀고
계곡을 타고 흐르는 물
용천을 떨 게다.
능욕을 당하고 싶은 처녀와

화냥기 도진 과부에겐 시방
닭살이 돋을지라도……

늙은 낙타의 등골을 부러지게 하는 건
하나 더 얹힌 진달래꽃 가지다.
옹알대지 말라, 반짝이는 선로는
강건한 쇠바퀴에만 닦이고
재 너머 사래 긴 밭
새로 뚫는 도로공사가 한창이지 않는가.

벌목부 구보씨의 일일

1

내려찍는 도끼날 소리는
무겁고 깊숙하다. 찍히는 건
나무 속살인데 쿵쿵 소리는
대지의 뿌리 쪽에서 울려나온다.
딱따구리는 다급할지라도 잠시
집짓기를 접어두어라.

우리 벌목부 구보씨는
전기톱날이 갈아댈[磨] 때면
실색을 한다. 톱날 소리는
땅속으로 묻혀들지 않고
어떤 것에 먹히거나 잠겨드는 법 없이
떠돌며 주위 사물을 경련케 함으로.

산의 장정이며
숲의 연인인 남정네는 한낮에
나무둥치, 수림의 허연 속살을 겨눠

날을 꽂는다 힘을 쏟아붓는다
장딴지엔 퍼런 동맥이 불끈 솟고
목울대는 땀범벅이 된 채

하지만 그의 하루는 이 세상 누구보다 짧다
간벌림을 들쑤시며
미끈한 나무를 쓰러뜨렸으므로.
딱따구리여, 시방은
너의 시간이 아니다.
산간의 해는 일찌감치 뒷자락을 거두고 있다.

2
우리는
벌목부 구보씨의 하루 노동을 볼 수 있으나
그 밤의 일은 요량할 길이 없다.
쑤시는 근골 때문에 몸을 뒤척이는가
혹 달착지근한 꿈에 빠졌는가,
어쩜 조금쯤 억울하고

고약해진 기분에 잠 못 이루는가.

낮의 관대함에 에워싸여
펄펄 쿵쿵 신명이 났던 사내,
이마에는 굵은 주름살이
손마디마다 굳은살 박힌 그가
저 휘황한 밤하늘 아래서
지상의 어둠 속에서.

아, 가을인가

어서 타라고, 활활 타오르라고.
단풍이 절정으로 치닫는 한낮,
적요한 산하며 내 한적한 오후마저
상기된 표정과 목소리로
채근하는 저 빛깔.

어서 타라고, 훌쩍 올라타라고.
해가 뉘엿할 무렵,
코스모스가 하늘대는 간이역에서
기적소리와 덜컹거림으로써
부추기는 저 소리.

—타라! 술에 술 타듯. 그녀 환상 위로 올라타듯
아니, 다져진 솜을 부풀부풀 타듯이—

엊그젠가 내색했던 가을은
떠밀리듯 급속히 기울고 있다.
모든 것의 중심이 이동하는 양,

잘 익은 열매가 볼이 발갛더니
툭, 소리 하나로 사라진다.

雅 歌

나는 본 적이 있었지. 흰눈 분분히 흩날리는
모스크바의 얼어붙은 밤거리,
인적이 끊긴 풍경 속
가로등 불빛 아래 젊은 연인의 포옹을.
순간, 따뜻한 입김이며 체온 같은 게
내 가슴을 흔흔히 적셨었지.

그 기억도 바래어가고
복사꽃 움틀 기별은 아득한 때
우리 조막손 아기한테서
아랫니가 슬며시 솟구친 걸 본다네.
사랑은 오늘도 이 세상 어디선가
연못의 물매암이처럼 돌고 있단 말인가.

이따금, 아주 간헐적으로
내 겨드랑이나 침샘,
꿈결 같은 생념에
물수제비 뜨듯 반짝이는 것.

눈이 내리네

눈송이 이리저리 흩날리며 내리는 건
들판 가운데 나무가 칼바람을 묵묵히 감내하던 풍경을
여직 기억하고 있기 때문이다.
잿빛 하늘에서 시나브로 희번덕이며 떨어지는 건
놀이터 벤치에서 노인 홀로 어둠에 묻혀들던 저녁을
상기도 잊지 못해서다.

눈이란 천사의 발걸음처럼 비쳐서는
민중을 일깨우는 새 사상처럼
허브 향의 뭉게구름, 풍성한 자본주의 물류처럼 쌓이는
동화나라의 아늑한 무반주 음악이다.
한데, 올해는 아니다.
밤 되기 이른 때

누군가 씀벅거리듯
저같이 눈이 내리네 눈이 내리네

광대무변 속에서

오, 어지러워라
내 안에서 터져 나오는 외침!
붙잡을 것은 어디에나 있지만
붙잡아야 할 것은 아무데도 없다.
실색하며 떨어지는 꽃잎
매화 꽃잎, 봄날 흩날리는 복사꽃잎들.

무언가는 털려나가고
혹은 아득한 저편으로 뛰어내리는데
더러는 붙안은 채 시들어간다.
불꽃 해바라기며 서리 맞는 국화며……
오, 흔들려요 지반이
내 안에서의 부르짖음!

우주는 광대무변, 별밭의 소용돌이이다.

구름이 달을 스치는 사이
대양이 출렁거린다.

거듭 뒤채며 들까불려질지라도
광부는 어둔 갱(坑) 속에서,
체 게바라는 혁명의 피내음 속에서
전생애의 꿈을 접는다.

옛 노인장이 말하기를

산열매 하나라도 일용할 양식 아니거든
산까치 몫으로 돌려두어라.
던져진 바위덩이는 그 자리서
물살과 바람에 씻겨서야 먼 훗날
동산에 항아(姮娥)의 얼굴로 떠오를 것을.
마을의 신화는 이렇듯 이어져 가느니—
눈 내리거든, 눈이 내리거든
문밖에서 비로소 얻어 누리는 잠을 위해
근심 들쑤셔가며 뒤척이지 말라.
엎드려 누운 들녘이 어둠 켜켜이 쌓아
솜이불 덮어쓸진대
제가끔의 꿈이 언제까지 헐벗은 대로 서성이랴.
길은 때로 계곡물과 맞닥뜨리기도 하나
고대 이어진다.
떨기나무 덩굴 틈새에서도
마땅한 곳을 찾아 뻗어나간 길이
어디 제 끄트머리를 걱정하더냐.

겨울 바다

사랑이 따스하기만 했던가
밤은 비로드 천같이 부드러웠더냐
숨 가쁘게 달려온 길이,
갖지 않아도 그만일 기대 때문에
번번이 상심하며 절망만 부풀린 시간이
어디 닿게 하는지 이젠 알겠다.

동해안 남애리 포구는
뭍의 끝에 자리해 있어
잠시 생소한 느낌을 주었다.
그 오후를 방파제에서 바다만 바라보았는데,
조망은 등 뒤에 남기고 온 것들에
미련을 갖지 않게끔
마냥 무심한 낯색이었다.

바다 속 어디엔가는
슬픈 민요가락이 세기가 바뀌어도
검은 머리채마냥 물살 따라 일렁일 게며

짝을 부르는 고래의 휘파람소리는 지금도
심장 복판을 떨며 울려가고 있을 게다.
아무려나, 겨울 해면은
뭍과 세간(世間)의 널마루다.

오, 이젠 흙 묻은 신발을 벗어던지고
기름때 절은 갈기를 접어야 한다.
출렁이며 걸러내고 또 가라앉아 도달한
저 투명이
어찌 시린 살갗만 비추인다 하랴
냉연한 풍경 가운데 설핏
녹색문 하나 열리느니……

그

신전은 무너졌다. 하지만 사람들 뇌리에서 잊혀짐으로
이날껏 그 흔적을 보존한다.
정원에는 시든 잎을 떨어뜨릴 바람이 불어
한때의 위엄서린 돌기둥 밑에 낙엽을 쌓이게 하고
그 위에 서리가 얼어 아침햇빛에 반짝거린다.

실로 그의 생애는 속속들이 헐거워
느닷없이 소나기가 퍼붓는 날의 낯선 처마밑
바짓가랑이 쪽부터 젖어들던 그런 행색일지라도,
먹이사슬 저 아래 청빈(淸貧)처럼
그림 속의 그림자마냥
또는 가을잠자리의 가벼운 비상과 같았다면
그의 성취가 무너지는 유형(有形)일 리 없겠지.

그는 반백의 듬성해진 머리카락,
낙엽처럼 쌓인 기억들과
그 부피만큼의 후회를 간직한 채
저 고대의 빛나는 시간을 가고 있다.

아무도 왈가왈부해선 안 된다.
그 혼자 세상에 떨어졌고
자신의 방식대로 세상을 끌어안았기에.
한 남자의 노심초사, 진이 빠진 매 순간의 자취가
풀섶에 허물같이 남겨진 그런 신전이라 할지라도……

저녁 무렵

남강에 비낀 노을은 내 인연이 아니다.
진주성 닿기 전 산청 어디쯤,
시냇물이 산허리 휘감아 도는 강촌에서
그만 발걸음을 접어버리고 말아야 한다.
한 발 앞에서 엎어지고
하루를 더 기다리지 못하는 게
어제까지의 몫은 아니다.

저녁참, 쌓이고 쌓인 내 절멸일랑
거기 산그늘 속에 묻혀 들리라.
이윽고 깊고 광대한 어둠속
서걱대는 미루나무 잎새며
아스라한 별떨기, 아,
--나의 노래여.

〈신중신 연보〉

1941년 선조 대대의 향리 경남 거창읍 동동(현 대동리)에서 거창 신씨(愼氏) 집안의 장남으로 4월 20일 태어나다.

1959년 거창고등학교 졸업.
이해 제10회 〈개천예술제〉 한글시 백일장(대학 · 일반부)에 장원 입상하다.

1962년 서라벌예술대학 문예창작과 졸업.
재학 중에 김동리, 서정주, 김구용 선생으로부터 창작 지도를 받으며 크게 영향을 받다.
제4회 《사상계》 신인문학상 시부에 「내 이렇게 살다가」(외2편)가 당선되어 문단에 등단하다(선자는 조지훈, 송욱 선생).
가을, 거창중학교 교사로 부임.

1967년 육군에서 병장으로 만기 제대하다.

1968년 거창 대성중학교 교사로 부임.

1970년 향리에서 가톨릭에 입교하다.

1971년 상경하여 도서출판 삼중당에 입사.
대학 재학시부터 친교를 맺었던 작가 김용성,

김원일, 양문길, 시인 강우식 등과의 교유가 평생을 이어가다.

1972년 첫시집 『고전과 생모래의 고뇌』(현대문학사) 간행. 시집 서문을 박목월 선생으로부터 받는 한편, 이후 선생의 아낌을 받다.

1977년 시집 『투창』(현암사) 간행.

1980년 첫수필집 『가난한 영혼을 위하여』(태평양) 간행.

1981년 한국가톨릭문인회에 입회하고 총무간사를 맡다. 이때 회의 대표간사인 김남조 선생과 친근해졌으며, 그밖에 이형기, 성찬경, 박재삼 등 선배 시인과 가까이 지내다.

1984년 전기 『순교자 103위 성인/ 주여 어디에 계셨나이까』(삼문) 간행.

1985년 수필집 『저물녘의 플룻』(오상사) 간행.
서사시집 『빛이여, 노래여』(제삼기획) 간행.

1989년 신앙을 제재로 한 시집 『저마다의 등불을 켜게 하소서』(종로서적) 간행. 시집 『낮은 목소리』(문학세계사) 간행. 이 시집으로 〈대한민국문학상〉을 수상하다. 전기 『예술가의 삶과 사랑』(편저, 문학세계사) 간행. 이후, 직장생활을 작파하고 문필 전업에 들어가다.

1990년 에세이 『한국인의 마음』(윤문) 간행.
저서 『세계명작을 찾아서』(현대문학사) 간행.
서사시집 『모독』(문학아카데미) 간행.

1991년 『모독』으로 제1회 〈남명문학상〉을 수상하다. 수필집 『꿈꾸는 나그네에게』(문학아카데미) 간행. 꽃을 제재로 한 시집 『노래는 어디에 머무는가』(우석출판사) 간행.

1992년 문예진흥원 창작지원 기금 수혜로 재소 동포를 취재코자 2개월간 러시아연합 일대를 여행하다.

1993년 시집 『바이칼호에 와서』(문학아카데미) 간행.
수필집 『시대의 여울목에서』(예술문화사) 간행.
재소동포 강제이주를 제재로 한 장편소설 『까리아인』으로 〈대산창작지원금〉 수혜. 저서 『문학의 아름다움과 뿌리찾기』(벽호) 간행.

1994년 『바이칼호에 와서』로 제26회 〈한국시협상〉을 수상하다. 저서 『명작을 읽는 즐거움』(예술문화사) 간행. 장편소설 『까리아인』(전3권, 열림원) 간행. 사할린 동포의 수난사를 취재하기 위해 1개월간 사할린 · 연해주 일대를 여행하다. 중앙대학교 예술대학 문예창작학과에 출강하다(94-95년).

1995년 전기 『그 불꽃, 그 생애』(프리미엄 북스) 간행.
저서 『나의 세계명작 순례기』(전2권, 프리미엄 북스) 간행.

1998년 시집 『카프카의 집』(문학과 지성사) 간행.
신앙을 제재로 한 시집 『응답 시편』(성바오로) 간행.

1999년 『응답 시편』으로 제2회 〈한국가톨릭문학상〉을 수상하다.

2000년 명작 평설 시리즈로 『한국의 명작』(전2권, 명상)과 『세계의 명작』(전2권, 명상) 간행.

2001년 장편소설 『사할린은 눈물도 믿지 않는다』(전2권, 청동거울) 간행. 시선집 『신중신 시선』(아림) 간행.

2002년 한국가톨릭문인회 회장을 맡다.
『신중신 시선』으로 〈편운문학상〉을 수상하다.

2005년 장편소설 『강 건너 저편』(바오로딸) 간행.

■ 해설

어느 낙천주의자의 사랑 노래

이 형 권
(문학평론가, 충남대 교수)

1. 긍정의 사유, 혹은 낙천주의

우리 시단에서 낙천주의적 사유를 보여주는 시인을 찾아보기가 여간 어렵지 않다. 지금은 세기 초라는 희망의 연대임에도 불구하고 아직도 많은 시인들이 세기말적 우울과 데카당스의 분위기에서 자유롭지 못하다. 현실을 노래하는 시인들은 어두운 시대의 그늘에서, 내면을 노래하는 시인들은 트라우마의 그림자에서 충분히 놓여나지 못하고 있다. 그러나, 이 시집은 현실과 내면의 아름다움을 주시하는 낙천주의자가 부르는 생명, 혹은 사랑의 노래들로 채워져 있다. 이 시집의 많은 시편들은 인생의 긍정적 측면을 노래할 때는 물론 어두운 현실이나 고뇌어린 내면을 노래할 때에도 인생에 대한 긍정적 사유, 혹은 낙천적 전망을 놓치지 않는다. 이런 까닭에, 이 시집을 읽으면서 세계와 인생이 궁극적으로 선한 존재라고 보았던 라이프니츠의 낙천주의적 세계관을 떠올려 보는 것은 자연스럽다. 라이프니츠는 『변신론(辯神論)』에서 모든 피조물들은 창조주보다 완전하지 못하기 때문에 부분적인 오류로서의 악을 지닐 수밖에 없으나, 악은 어디까지나 선을 증진하기 위한 반면적이고 대조적 의미를 지닐 뿐이라고 주장했다. 그에 의하면 인간 세계는 신이 선택한 최선이므로 그곳에 존재하는 악조차도 결국은 아름다운 세상을 만들기 위한 신의 예정조화에 공헌한다.

라이프니츠에게서 보듯이 낙천주의는 인생에 대한 긍정적 사유를 기초로 삼는다. 낙천주의자는 인생이 아무리 추레하고 절망적일지라도 인간의 노력으로 얼마든지 아름답고 행복하게 만들 수 있다고 믿는다. 시집에 의하면, 시인은 "저녁 한때를 맞는 사람"(「노을」)

으로서 "내 체는 정녕 어딘가 잘못되어 있"(「불가측 불가해」)으며 "내 생애의 경영은 철저하게 결손투성이"(「심연에서」)일 뿐 아니라 "올 한 해의 희망도 으레 바스러져갈 거"라고 하면서 자신의 삶을 반성한다. 그러나 이것이 전부는 아니다. 세상은 비록 "끼리끼리 울타리를 만들고 몫을 나눠 갖고선/ 저들만의 개선 행진곡을 신나게 불러대"(「이상한 나라」)는 이기적인 곳으로서 "지상에 드러난 건 무어나/ 제 무게를 감당해 나가지 않으면 안 되"(「附言」)는 힘겨운 피투성(彼投性)의 공간이지만, 그곳에서의 인생이 근본적으로 비관적인 것은 아니다. 시인은 "자신의 방식대로 세상을 끌어안았기에"(「그」) 인생의 도정에서 어떤 어려움과 대면하더라도 그것을 극복하여 행복한 삶에 도달할 수 있다고 본다.

가지 끝마다 홍옥이 오달지게 매달렸다
노인은 소금가마니 한 짐 지고 개울을 건넌다
만삭의 여인이 남산 같은 배 내밀고 손가락을 꼽고 있다

— '무거운 짐 지고 수고하는 자 다 내게로 오라.'

허겁지겁 헌털뱅이 지게라도 챙길 일이다
그 아니면
울며 겨자먹기로 빚이라도 지거나
용서받을 만한 죄쯤 붙안아야 할 일이다
때는 넓은 바다에 돌멩이 하나 가라앉는 듯한
가을이다

키를 뒤집어써도 좋고
네미럴, 여우는 못 잡고 온몸에 음탕한 냄새만 배고 만
꼴같잖은 행세인들 무슨 대수랴
오쟁이 지지 않았다면
그런 가을이라면
랄랄랄랄 랄랄랄라 랄라라

—「한 낙천주의자의 가을 보기」 전문

여기서 "홍옥"과 "노인"과 "만삭의 여인"은 오롯한 가을 풍경을 구성한다. 모두 "무거운 짐 지고 수고하는 자"로서 위로받아야 할 존재들이다. "홍옥"은 풍요로운 결실을 위해, "노인"은 소금을 나르기 위해, "여인"은 새 생명의 탄생을 위해 "무거운 짐"을 지고 있기 때문이다. 셋째 연에서 시인은 그 풍경을 보편적 인생론

으로 확대 해석하여 인생은 어차피 "빚"이나 "죄"와 같은 짐을 지고 살아야 하는 것으로 규정한다. 주목할 것은 그렇게 짐을 지고 살아가는 삶에 대해 고통스럽다고 생각하지 않는다는 점이다. 시인은 "수고하는 자"들이 구성하는 세상의 풍경과 자신의 삶에 대해 "꼴같잖은 행세인들 무슨 대수랴"라고 하면서 "가을"이라는 계절이 갖는 차분한 분위기("넓은 바다에 돌멩이 하나 가라앉는 듯한/ 가을")에 마음을 주고 있다. 그래서 시인은 "오쟁이 지지 않"을 정도의 "가을"이라면 "랄랄랄랄" 행복할 수 있다는 것이다. 어느 "가을" 풍경(혹은 인생)을 매개로 한 "한 낙천주의자"의 이러한 긍정적 사유는 다른 시편들에서도 다양하게 변주된다.

2. 생명의 탄생, 생동하는 생명과 사랑

생명, 혹은 인생을 바라보는 태도는 그 기원으로서의 탄생에 대해 어떤 가치를 부여하느냐에 따라 달라진다. 탄생이 없는 생명은 있을 수 없기 때문에 탄생을 긍정적으로 보느냐 혹은 부정적으로 보느냐에 따라 인생에 대한 태도도 낙관주의와 비관주의로 갈라진다. 인생에 대해 긍정적 태도를 지닌 사람은 생명의 탄생을 아름답게 인식하고 탄생 이후의 생명도 선한 것으로 본다.

태어난 아기는 자궁 속을 기억하지 못하고
어리둥절한 듯 주위를 두리번댄다.
한데 저 눈망울의 천연스러움은 뭐란 말인가.
배밀이와 목을 치켜들려 애쓰는
뒷심은 어디서 오는가.
이렇게 해서 한 울타리가 이루어지고
각각의 꽃이 어우러져 새로운
꽃밭을 만든다.

컴컴한 하늘 저편에 뇌성벽력이 칠 때
호수 수면은 짐짓 먼산바라기다.
그 사이, 물속에서는 물잠자리가 산란을 한다.
모든 것을 감싸고도는
이

—「律」 부분

이 시의 "율"은 생명 탄생, 혹은 생명 현상을 지배하는 원리를 뜻한다. "태어난 아기"가 지닌 "눈망울의 천연스러움"은 새로운 생명의 표징이고, 그 "배밀이와 목을 치켜들려 애쓰는/ 뒷심"은 생명을 이끌어 가는 에너지를 표상한다. 또한 "한 울타리" 안에서 "각각의 꽃이 어우러져" 형성되는 "새로운/ 꽃밭"도 마찬가지다. 그러나, 생명 탄생은 그렇게 순순하고 평화롭게 이루어지는 것이 아니라 "뇌성벽력"과 같은 시련과 고통을 견인(堅忍)해야만 성취되는 것이다. 생명의 탄생은 "호수 수면"이 "뇌성벽력"에 흔들리지 않는 의연한 자세를 견지해야 "물속에서는 물잠자리가 산란을 하"듯이 성취되는 것이다. 이때 평화로운 "호수 수면"이 선이라면 "뇌성벽력"은 악의 요소에 해당할 터, 이러한 악의 요소를 극복하여 선이 실현된다고 믿는 것은 전형적인 낙천주의적 인생관이다. 생명 탄생에 대한 긍정적 인식은 「탄생 설화」에서도 "관능에서 해방된 머리카락이/ 바다 거품 위로 비너스를 탄생시킬 것"이라고 제시된다. 또한, 「지상의 작은 등불」에서 "지상의 작은 등불/ 오, 아가야"라고 하여 "아가"에게서 새 생명의 희망을 발견하고, 「雅歌」에서는 "우리 조막손 아기한테서" 새로운 생명의 예징을 발견한다.

생명의 탄생, 그것은 악을 넘어서 선을 실현해 가는 일이기에 세상을 생동감으로 넘치게 한다. 비바람에 시달린 야생의 꽃이 온실에서 자라난 꽃보다 향기가 짙

듯이 시련을 거쳐 탄생한 생명은 아무런 고통 없이 순탄하게 태어난 생명보다 아름답다. 그런 생명은 자기 정체성을 뚜렷이 간직하면서 활기 넘치고 풍요로운 세계를 구성하게 마련이다.

생은 이만쯤은
출렁거림을 허락받았나보다.
저 같은 색감의 황홀이며
볼륨에서 풍기는 매혹,
피어나는 정신과 늘어지는 육체를……
고개 치켜세운 채 담을 넘는
저 불꽃!
'섹스, 에로티시즘 그리고 사랑이
중심이 같은 동심원을 이룬 정열의 기하학' 을.
끓어오르는 시간,
골목 안 수런거림과
풍만함이 실린 이 대기 속에—

일촉즉발,
모든 풍경이 긴장을 한다.
눈에 접히는 색과 향기 외에

붉은 겹꽃잎으로 뭉긋한

저 출렁거림을 보아.

—「출렁거림에 대하여」 부분

시인은 개인 주택이나 아파트 담장에 흐드러지게 만개한 넝쿨 장미의 모습에서 생명의 생동감을 발견하고 있다. 생동감은 "색감의 황홀" "불꽃" "붉은 겹꽃잎" "향기" "출렁거림" 등의 감각적 표현을 통해 형상화되는데, 특히 "출렁거림"이라는 시어는 시 전체의 분위기를 활달하게 이끄는 역할을 담당한다. "출렁거림"의 생동적 이미지는 옥타비오 빠스의 시구를 인유한 "섹스, 에로티시즘, 그리고 사랑이/ 중심이 같은 동심원을 이룬 정열의 기하학"과도 자연스럽게 어울린다. 생명은 사랑의 결과이고 사랑은 몸과 마음이 대상을 향해 역동적으로 다가가는 것이기 때문이다. 더욱이 이 도저한 세계는 외적 풍경에 머무는 것이 아니라 "피어나는 정신"의 내면 풍경을 구성함으로써 더욱 아름답다. 그런데, 외부 세계와 내면 세계를 아우르는 이 아름다움이 "모든 풍경이 긴장"하게 하는 "일촉즉발"의 상황에 놓였다고 한다. 이 진술은 시인이 발견한 아름다움이 절정의 상태에 도달한 것임을 뜻한다. 모든 절정은 상승의 최대치에서 급전직하의 가능성을 내장하게 마련이어서, 아름다움의 절정도 "일촉즉발"의 위기와 함께 존재할 때 진정한 가치를 획득할 수 있기 때문이다. 이처럼 "출렁거림"이 형상하는 생동하는 생명의 이미지는 "내 적막한 저녁이 출렁거려서/ 수풀은 밤이슬로 촉촉이 젖고/ 먼 바다엔 뇌성벽력이 칠 거라"(「그럴지어다」)는 시구에서도 재연된다. 풍경이 출렁거리니 세상이 출렁거리고 세상이 출렁거리니 생명과 사랑의 시심도 함께 출렁거린다.

생명과 가장 잘 어울리는 계절은 봄이다. 봄은 온갖 생명들을 새로운 활기로 달뜨게 하는 자연의 시간이자 움추렸던 인간의 마음 속에 희망과 사랑을 움트게 하는 인간의 시간이다. 봄은 이 시집에 드물지 않게 등장하면서 자연과 인간을 생동하는 아름다움의 세계로 이끄는 시간적 배경으로 기능한다.

> 1) 한동안 잠잠했던 어금니가 쑤신다
> 봄기운이 도처에 널브러져
> 곶(串)과 만(灣)이 허벅지를 포갠
> 저 밑으로부터의 들썩임.
>
> —「봄날」 부분

2) 무지(無知)가 밭을 갈리라
봄은 늘 늘쩍지근하고 나른키만 해
땅은 언제나 백치 같다네
여인은 홑씨방(房) 사랑을 원한다네

—「나르시시즘 1」 부분

1)에서 봄은 “들썩임”의 계절이다. “들썩임”은 앞서 보았던 ”출렁거림"과 유사한 시어로서 에로티시즘적 이미지를 구현한다. “곶과 만이 허벅지를 포갠” 데서 오는 “들썩임”은 자연의 생동감을 에로티시즘의 이미지로 표현한 것이다. 이는 다른 시의 “고요한 돈 강이 혁명에 들까불리던 끝에/ 흑해와 만나 몸을 푼다”(「河口」)는 표현과 유사하다. 에로티시즘은 이 시집에 자주 등장하는 감각적 표현과 세계 인식의 통로로서 “경천동지할 일”(「에로티시즘」)이라고 할 정도로 중요한 역할을 담당한다. 또한 2)에서 봄은 자기애의 시간이다. 에로티시즘이 타자를 향한 사랑이라면 나르시시즘은 자기를 향한 사랑이다. 자기애는 개체적 자아에 대한 자긍심의 표현이란 점에서 한 생명이 갖추어야 할 기본적 요건이다. 시에서 “여인”이 원하는 “홑씨방 사랑”은 홀로 자신을 사랑하는 것인데, 그녀가 봄에 “무지의 밭

을 갈리라"는 것은 자기애에 충실한 삶을 지향하겠다는 다짐이다. 타자에 무지함으로써, 혹은 작위적인 지식에서 벗어남으로써 순수한 자아를 사랑하겠다는 의지의 표명이다. 이렇게 봄과 생명과 사랑을 일체화하여 아름다운 세상, 행복한 인생을 상상하는 일은 이 시집이 지향하는 하나의 목표라 할 수 있다.

3. 시원적 자연의 연속성과 불멸의 꿈

생명은 고통스런 과정을 거쳐 탄생한 아름다운 존재다. 그러나 모든 생명은 유한적 존재이기 때문에 절대적 가치를 부여받을 수 없을 뿐 아니라 언젠가는 죽음의 세계로 돌아가야 하는 비극적 운명을 지닌다. 이러한 운명에 대응하는 방법은 두 가지가 있을 수 있는데, 하나는 그것에 순응하는 태도이고 다른 하나는 그것을 부정하는 태도다. 낙천주의자는 후자의 태도를 취하면서 비극적 운명 너머의 세계를 꿈꾼다. 이 시집에서 지향하는 그 너머의 세계는 시원적 자연과 신성한 불멸의 세계인데, 먼저 시원적 자연을 지향하는 모습은 아래의 시에 전형적으로 드러난다.

가까우면서도 높고, 매일 대할지라도 새로워질 뿐. 지금까지 그랬듯 앞으로도 그러할 태초 본연이요 그대로의 있음이니라. 생명의 모태인 바다가 출렁거려 자정작용을 하듯 나 또한 천지간 의연히 버텨 섰으므로 만물과 인연이 길이 이어가게 살펴 거두리라.

사람과 역사의 비린 욕망, 걸음마다 남기는 회한, 은 삼십 냥의 죄 값도 내게 와서 버려라. 더러운 마음 아니라면 일곱 번을 일흔 번이라도 와서 버려라. 그것들의 터럭 한 올 뇌수마저 깡그리 지우고 헹궈 그대들 영혼이 저 고생대 빙하처럼 순수케 하리라.

더불어 숨 쉬는 소나무 박달나무 향나무 상수리나무…… 백년을 묵어도 첫돌 맞을 때같이 싱그럽고 철따라 거듭나는 나무가 정결한 흰눈까지 덮어쓴다면. 이로써 태어나고 노래하고 사랑하며 지칠 줄 모르는 아침을 맞게 되리니, 내가 즉 영원이며 신생이노라.

—「겨울산이 하는 말」 부분

"겨울산"을 신격화한 이 시는 시원적 순수의 세계를 향한 염원이 드러난다. 정결한 "태초 본연"의 모습을 간직한 "겨울산"은 "바다가 출렁거려 자정 작용을 하듯"이 인간의 욕망과 타락한 세상을 정화하는 구실을 한다. 신성한 "겨울산"이 전하는 말들은 깨끗하고 아름다운 세계를 견인(牽引)하려는 시인의 소망이 반영된 것이다. 둘째 연에서 "겨울산"은 사람들에게 "비린 욕망"을 자신에게 버림으로써 "영혼"을 정화하라고 요구하고, 셋째 연에서 만물들에게 "흰눈"처럼 깨끗한 세계에서 "태어나고 사랑하"기를 바라는 것은, 그런 소망의 표현이다. 더욱이 "겨울산"이 스스로 "영원이며 신생"이라고 자처하도록 표현한 것은 아름다운 생명과 사랑을 간단없이 지속하고 싶은 시인의 소망이 그만큼 절실하기 때문이다. 마치 "냉연한 풍경 가운데 설핏/ 녹색문 하나 열리"(「겨울바다」)듯이 아름다운 세상이 열리기를 고대하는 것이다. 신성의 자각과 긍정적 사유는 「내 마음 속의 리듬」, 「14행시」, 「붓꽃」 등에서도 드러나는데, 특히 「내 마음 속의 리듬」의 "어느 것인들 괜찮구말구"라는 시구는 이 시집이 견지하는 낙천적 인생관을 매우 함축적으로 제시한다.

긍정적 세계에 이르는 또 하나의 방법은 불멸의 꿈을 꾸는 것이다. 비관주의자는 인생을 일과성으로 지나가는 사소한 것으로 보지만, 낙천주의자는 인생을 연속적으로 이어지는 숭고하고 소중한 것으로 간주한다. 불멸을 꿈꾸는 것은 파편적 불연속성을 극복하여 영원한 생명의 세계로 나가려는 낙천주의자의 속성 가운데 하나다.

1) 모래벌판 한 귀퉁이 샘,
미인의 눈썹인 월아천
아니, 낙타누깔이다. 오랜 세월
통정의 늪, 우람한 사내 흔적을 간직한
수절 아낙네의 볼우물 같은……

가고 오는 세월 속에 머무는 것 있어
불끈 치솟은 모래산은 그것대로,
물그림자 지는 월아천 또한 고요하다.
내가 이 정적과 만남은
못 버린 불멸에의 꿈 때문이 아닐까.

—「명사산 월아천」 부분

2) 이승과 저승의 건널목에도 눈발이 분분하다면,
그대와 나 사이에도 이같이
녹이고 녹여든다면.
일체는 제각각의 두루뭉수리지만

세상 복판으로 흰눈 송이송이
어울려 흩날리는 속에서는
어제와 오늘,
바라보는 눈과 보이는 이가 둘이지 않다.

—「내리는 눈발 속엔」 부분

1)은 생명의 유한성을 극복하려는 의지를 드러낸다. 그 매개물은 "명사산"의 오아시스인 "월아천"인데, 거기서 "불멸의 꿈"을 떠올리는 근거는 "월아천"의 외양이 "낙타누깔"처럼 생겼기 때문이다. 그런데, 낙타와 오아시스는 그 외양뿐 아니라 상징적 의미도 유사하다. 즉 낙타는 오아시스와 마찬가지로 죽음의 땅인 사막에서 인간이 살아갈 수 있도록 도와주는 생명의 전도사다. 따라서 "월아천"을 낙타, 혹은 "낙타누깔"로 비유한 것은 적실성을 확보하는데, 거기서 다시 "불멸의 꿈"을 떠올린 것은 "월아천"이 생명의 연속성을 지향하는 "통정"을 표상하는 것으로 보았기 때문이다. 즉 "월아천"은 여성 이미지를 형성하면서 그 옆의 치솟은 "모래산"의 남성적 이미지와 함께 남녀의 "통정"을 암시한다. 이때 "통정"은 물론 부정한 남녀 관계가 아니라 생명들 사이의 연속성을 견인하는 건강한 에로티시

즘을 표상한다. 이렇게 시인은 인간이 자연과의 연속적 관계 속에서 "불멸의 꿈"을 꾸는 것이다. 또한 2)에서 "눈발"은 연속적 세계 인식의 매개체다. "눈발"은 인생과 관련된 불연속적인 것들, 이를테면 "이승과 저승", "그대와 나", "어제와 오늘", 그리고 "바라보는 눈과 보이는 이"를 불이(不二)의 존재로 보게 한다. 시인은 "눈발"이 상징하는 일체적 연속성을 발견하여 어두운 세상과 고통스런 인생을 긍정할 수 있는 낙천적 시심을 얻은 것이다.

4. 역설, 존재의 모순을 넘어서는 방식

그러면, 낙천주의의 인식론적 토대는 무엇인가? 그것은 인생에 대한 무조건적 긍정이 아니라 인생의 모순성을 적극적으로 인식하면서 그것을 변증법적으로 극복해 내려는 의지다. 이 의지를 달리 말하면 인생에 대한 역설적 인식이라고 할 수 있다.

> 우리가 일상 절대 아니다 라고 할 때, 그 말 속에 그렇다거나 맞다거나 옳다 중 어느 한 가지가 들어있게 마련이다. 금강석은 가장 단단하기 때문에 어떤 것보다 모질

게 깎이고 세밀히 다듬어진다. 절대라는 말이 덫이고 가장이란 뜻이 위험천만이다. 파도는 다만 부서지고 잦아들며 덧없는 일이 반복되는 그것만이 불변인 곳을 향해 끈질기게 밀려든다.

모든 이별에는 나름대로의 애틋한 사연이 있으리라. 절대 헤어져선 안 될 사이에 영이별이, 가장 잃어선 안 될 것에 상실이 따른다. 우리는 결국 떨어져야 하고 끊어질 게 틀림없을 무엇을 얻고자 기를 쓰고 있지 않을까? 하지만 틀림없음이라는 말 속에 희망이 있어, 금이 가고 깨지고 곤두박질쳐질 그것만이 온전한 길에 나 오늘 그대 찾아 나선다.

—「패러독스」 전문

세상의 모든 것들은 서로 배타적, 절대적으로 존재할 수 없다. 인간과 자연, 문명과 자연, 사람과 사람, 사랑과 이별, 심지어는 삶과 죽음마저도 이분법적으로 분리되지 않는다. 빛과 어둠이 그러하듯이 그것들은 각기 동전의 양면처럼 상대와의 관계망 속에서 진정한 존재의 의미를 부여받는다. 첫째 연에서 말하듯이 "절대라는 말은 덫이고 가장이란 뜻이 위험천만"이다. 이런 생각은 "절대 아니다"라는 말 속에도 "그렇다거나 맞다거나 옳다 중에 어느 한 가지가 들어있게 마련"이라는 시구에 더 상세히 드러난다. 부정적인 말 속에도 항상 긍정적인 의미가 내포되어 있다는 것이다. 둘째 연의 "모든 이별"에 관한 진술도 마찬가지다. 이별이 절대 없을 것 같은 사람에게도 이별은 언제나 찾아오게 마련이며, 이별의 시련이 그 사람을 "금강석"처럼 단련시켜 더 강인하고 아름답게 한다. "결국 떨어져야 하고 끊어질 게 틀림없을 무엇을 얻고자" 할 때, "틀림없을이라는 말 속에 희망이 있"다는 것이다. 이 역설적 인식에 의해 이별은 더 새롭고 고양된 만남의 계기로 승화된다. 이러한 인식은 "눈비 내리고 질척거리기만 했던 세기"였을지라도 "불가마 속에서 활활 타올라"(「참숯에 대한 명상」)야 한다는 진술에도 드러난다.

모순성은 외적 현실로서의 부조리한 세상사에만 존재하는 것이 아니다. 메를리 퐁티가 인간의 내면에는 사물들의 내적 등가물(internal equivalent)이 존재한다고 했던 것처럼, 외적 현실의 모순성은 인간 내면의 모순성과 영향을 주고받으면서 상관적으로 얽혀있는 것이다.

> 불꽃이 탁탁 소리를 내며 튀는 건 불의 성취인 동시에 꽃의 소멸이다. 불은 흐르고 꽃은 머물기 때문일까? 아니, 불꽃이 탁탁 소리를 내며 타오를 때는 꽃이 피어나는 동시에 속에선 불이 스러지고 있는 중일 게다. 꽃은 무(無)에서 하나의 형상이 생겨나는 탄생인데 반해 불은 존재를 태워 무(無)로 되돌아가게 하는 힘이니까.
>
> 만일 〈불꽃〉을 〈꽃불〉이라 할라치면 우리에겐 꽃이 선명하게 다가들므로 세상을 아름답게 밝히는 현재만 바라보게 되며, 불이 미구에 낳을 캄캄한 어둠은 뒷전으로 물리고 만다. 꽃은 우리 곁에 머무는 유기체, 불은 영원으로 묻혀 사라지는 것이기에. 그럼에도 상이한 두 속성이 늘 포개어져 우리 입에 오르내리는 건 무엇 때문일까.
>
> 〈불꽃〉과 〈꽃불〉은 이음동의어(異音同意語)이나 불꽃은 육신을 지배하고, 꽃불은 영혼을 지향한다면…… 오, 내 안의 불꽃과 꽃불!
>
> —「내 안의 불꽃과 꽃불」 부분

음절의 전치를 통해 형성된 "불꽃"과 "꽃불"의 이미지는 인간 내면의 모순성을 표상한다. 흥미로운 것은 "불꽃"은 '불'을 초점화하여 "소멸"과 "육신"을 지배하는 것으로, "꽃불"은 '꽃'을 초점화하여 "성취"와 "영혼"을 지향하는 것으로 규정한다는 점이다. 말장난 같기도 한 "불꽃"과 "꽃불"의 구분은, 그러나 인간의 내면에 존재하는 모순성, 혹은 이중성을 효과적으로 드러낸다. 생각해 보면, 인간 내면의 의식과 무의식, 이성과 감성, 사랑과 증오, 희열과 고통 등속은 각기 상대성을 지니는 것으로서, 의식과 이성과 사랑과 희열은 그 상반되는 요소인 무의식과 감성과 증오와 고통으로 인해 진정한 가치를 부여받는다. 그 반대 방향에서도 마찬가지다. 그리고 이 상반되는 것들을 "상이한 두 속성이 늘 포개어져 우리 입에 오르내리"듯이 동시적, 통합적으로 인식할 때 역설이 발생하는 것이다. 인간 내면의 모순성, 혹은 외적 현실의 모순성에서 배태된 이 역설적 인식의 태도가 바로 이 시집을 지배하는 낙천적 사유의 토대라 할 수 있다.

5. 끄트머리, 새 길을 향한 출발점

이렇듯, 신중신 시인이 고통과 모순의 세상에서 선택한 시의 방식은 낙천적 사유와 생동하는 감각의 발견이다. 그는 세상의 고통과 모순을 서둘러 봉합하지 않고 낮은 포복으로 끌어안고 넘어서고자 한다. 진창 같고 철조망 같은 세상에서도 그는 파란 하늘의 기운으로 돋아나는 새싹들에 눈길을 주며 행복의 노래를 부른다. 실존적 고뇌를 동반하기도 하는 그의 시들은, 자연과 생명과 사랑의 '출렁거림' 으로 생동하는 깊고 넓은 언어의 성채를 구축한 것이다. 시인의 영혼도 생명의 탄생, 생명의 생동감, 에로티시즘, 나르시시즘, 시원적 자연, 불멸의 꿈, 역설적 인식 등과 함께 출렁, 출렁거리면서 선한 세상이 펼쳐질 것을 낙관한다. 그리하여, 그는 정녕 '아름다운 날들' 을 상상할 줄 아는 시적 개성에 이르렀다.

대지를 감싸덮은 눈은 아름다운 폭력이다.
북극 수림지대, 숲이며 얼어붙은 계곡이
공평하게 겨울을 한 겹 더 덮어썼다.
…(중략)…
사내가 간밤에 가진 사정(射精)이
찔끔 흘린 눈물처럼 서러웠던 건
따스한 체액의 낭비 탓이 아니라,
오래 붙안고 있는 건 무어나 식어
죽음의 빛깔을 띠게 마련이어서다.
산중의 아침은 늦게 내색하고

더 일찍 하룻날을 마감하기 때문에
한껏 아름다운 날들,
햇살은 눈(雪)을 다칠까 걱정해 잠시만 비칠 터이므로
해바라기 기회를 놓쳐선 안 된다.
눈 덮인 산골짜기에 한 가닥 선을 남기며 가는 사내는
제 체구의 무게를 정직하게 감당한다.

―「아름다운 날들」 부분

폭설이 내린 산중의 풍경 속에 등장하는 "사내"는 인간의 본성과 아름다움의 의미를 성찰케 하는 존재다. "눈"의 "아름다운 폭력"은 세상의 모든 것을 "공평하게" 바라보게 하고, "사정"하듯이 욕망의 찌끼를 버리면서 몸과 마음을 깨끗이 비울 수 있게 한다. 이 정결한 비움의 상태에서 성찰지경(省察之境)에 이르러 시인은 인생이 스쳐 지나는 바람처럼 순간적인 것에 불과하다는 자각을 하게 된다. 그러나, 여기서 주목할 것은 성찰 자체가 아니라 인간이 운명적으로 지닐 수밖에 없는 생의 순간성을 아름답다고 보는 태도다. 시인은 일출은 늦고 일몰은 빨라서 다른 지역보다 하루해가 일찍 저무는 "산중"의 나날에 대해 "한껏 아름다운 날들"이라고 한다. 본의(tenor)를 따라 읽으면, 인생이 짧기 때문에 오히려 아름답다는 이 아이러니한 진술의 배후에는 긍정적 사유, 혹은 낙천적 인생관이 존재한다. 또한, 인생이 아름다운 것은 "사내"가 "눈 덮인 산골짜기에 한 가닥 선을 남기며" 가듯이 "제 체구의 무게를 정직하게 감당"하면서 가기 때문이다. "사내"는 삶의 무게를 타인에게 전가하기에 급급하면서 거짓되게 살아가는 이기적이고 세속적인 인간들과 전혀 다르다. 시인은 "눈" 내린 산중의 "사내"를 통해 인생의 진정한 아름다움을 순간성의 긍정과 정직성의 발견에서 찾은 것이다. 이처럼 과거의 '아름다웠던 날들' 이 아니라 현재의 "아름다운 날들"을 바라보는 시인, 그를 일컬어 우리는 낙천주의자라고 부르지 않을 수 없다.

현재의 삶에서 '아름다운 날들' 을 발견한 시인이 앞으로 더 '아름다운 시들' 을 발명하는 일은 어렵지 않을 것이다. 이제 시집을 덮으며 이 시집의 '끄트머리' 가 아름다운, 너무도 아름다운 시의 세계로 가는 새 길의 출발점이 되었으면 하는 바람을 남겨둔다. 아래의 시구는 그런 바람에 대한 시인의 긍정적 화답으로 읽어도 무방하지 않을까?

길은 때로 계곡물과 맞닥뜨리기도 하나

고대 이어진다.
떨기나무 덩굴 틈새에서도
마땅한 곳을 찾아 뻗어나간 길이
어디 제 끄트머리를 걱정하더냐

—「옛 노인장이 말하기를」 부분

아름다운 날들

글쓴이 / 신중신
펴낸이 / 孫貞順
펴낸곳 / 모아드림

1판 1쇄 / 2006년 9월 18일

서울 서대문구 북아현3동 1-1278
전화 / 365-8111~2
팩시밀리 / 365-8110
E-mail / morebook@morebook.co.kr
http://www.morebook.co.kr
등록번호 / 제2-2264호(1996.10.24)

ISBN 89-5664-094-7

값 6,000원

* 이 책은 한국문화예술위원회가 선정한 우수문학도서로 국무총리복권위원회의 복권기금을 지원받아 무료로 제공합니다. (참조 : for-munhak.or.kr)